Figuraciones mías

Fernando Savater

Figuraciones mías

Sobre el gozo de leer y el riesgo de pensar

Fotografías de Sara Torres

Ariel

Obra editada en colaboración con Editorial Planeta – España

© 2013, Fernando Savater
© Sara Torres, de las fotografías
Ilustraciones: Dani Ras
Diseño interior: Mauricio Restrepo
Maquetación: David Pablo

Derechos exclusivos de edición en español
reservados para todo el mundo:

© 2013, Editorial Planeta, S.A. – Barcelona, España
Editorial Ariel es un sello editorial de Editorial Planeta, S.A.

© 2012, Ediciones Culturales Paidós, S.A. de C.V.
Bajo el sello editorial ARIEL M.R.
Avenida Presidente Masarik núm. 111, 2o. piso
Colonia Chapultepec Morales
C.P. 11570, México, D.F.
www.paidos.com.mx

Primera edición impresa en España: noviembre de 2013
ISBN: 978-84-344-1469-3

Primera edición impresa en México: diciembre de 2013
ISBN: 978-607-9202-80-4

No se permite la reproducción total o parcial de este libro ni su incorporación a un sistema informático, ni su transmisión en cualquier forma o por cualquier medio, sea éste electrónico, mecánico, por fotocopia, por grabación u otros métodos, sin el permiso previo y por escrito de los titulares del *copyright*.
La infracción de los derechos mencionados puede ser constitutiva de delito contra la propiedad intelectual (Arts. 229 y siguientes de la Ley Federal de Derechos de Autor y Arts. 424 y siguientes del Código Penal).

Impreso en los talleres de Litográfica Ingramex, S.A. de C.V.
Centeno núm. 162, colonia Granjas Esmeralda, México, D.F.
Impreso en México – *Printed in Mexico*

Para ti, también

ÍNDICE

Prólogo. La penitencia del texto, 9

Primera parte
Admiraciones

El asombro de Cioran, **17** | El sabio amable de Concord, **23**
Sin engrudo, **26** | Shakespeare se abre paso, **29**
Sentido y sensibilidad, **32** | Admiración por la fiera, **35**
El Averno: la casa de todos, **37** | Aquel contemporáneo esencial, **46**
Un hombre entero, **49** | Aventuras del Capitán Russell, **51**
El último regate, **53** | Ligeramente grave, **55**
Venimos de Bradbury, **57** | Son de lo que no hay, **60**
El compromiso con la verdad, **65** | Admiradores, **71**

Segunda parte
La dificultad de educar

El poeta polivalente, **79** | Para qué educamos, **81**
Adoctrinamiento y catequesis, **83** | Non serviam!, **86**
Blasfemias, **90** | ¡Te daba así!, **92** | Hablando de lo que queremos, **96**

¡Al infierno con Dante!, **98** | La educación rentable, **100**
Sin filosofía, **103** | Lo que busca la filosofía, **106**
Que decidan ellos, **107** | Carta sobre el escepticismo, **109**

Tercera parte
Envueltos en la red

Deontología de la ciberseguridad, **119** | Ley mala, pueblo bueno, **123**
El ilustrado pragmático, **125** | La honradez de Dickens, **128**
Recuerdos envenenados, **131** | La nación balón, **133**
Tomarse libertades, **135** | Ética de la creación intelectual, **138**

Despedida, **142**

PRÓLOGO

LA PENITENCIA DEL TEXTO

> Ser sincero es ser potente.
>
> — RUBÉN DARÍO

Ahora que el artículo periodístico clásico entra en una fase crepuscular, acosado e incluso sustituido por blogs y otras fórmulas propiciadas por internet, quizá sea oportuno dedicarle una reflexión como despedida anticipada, casi como réquiem. Con una intención apotropaica, al menos en mi caso, es decir, a fin de cuentas queriendo conjurar de este modo la fatalidad que le amenaza e incluso con la esperanza inconfesable de ver cómo se transforma para renacer de sus cenizas, tipo ave fénix de las letras de formato fugaz y cotidiano.

Pueden decirse algunas cosas relevantes a favor del artículo periodístico (hablo con la experiencia pero también con el partidismo de quien ha practicado el género más de cuarenta y cinco años) y son cosas que pueden parecer contradictorias: por un lado permite mucha libertad, por otro exige gran disciplina. La libertad es evidente en la elección del tema, de la perspectiva desde la que enfocarlo, del tono (irónico, severo, desenfadado, etc.) con el cual tratarlo. Aunque la actualidad determina en ocasiones el asunto de fondo, sobre todo en los artículos más políticos, esta influencia del presente sirve para anclar la libertad pero no la excluye: lo mismo que el viajero que se enfrenta a un monumento célebre, digamos el Partenón de Atenas: puede fotografiarlo desde múltiples enfoques, convencionales o desmitificadores, e incluso preferir hacer un esbozo a lápiz del templo o una caricatura. Pero la disciplina no resulta menos necesaria, porque el artículo es un género de límites amplios aunque indudables que excluye ciertas fórmulas literarias muy respetables y sin embargo incompatibles con el periodismo, como el soneto o el tratado.

También impone condicionamientos menos formales y que yo relacionaría con virtudes morales, como la modestia o la responsabilidad. Hay novelistas y poetas egotistas que aseguran –a mi juicio siempre falsamente– que sólo escriben para sí mismos: por suerte, este autismo dudosamente veraz está prohibido al articulista. Nadie es tan arrogante o tan imbécil como para decir que escribe artículos sólo para él mismo. Uno puede dirigirse a los *happy few* o a la mayoría (es cierto que tampoco nadie puede alardear de escribir para «todos»), pero el género impone pensar en otros, en los demás. Solipsismo y periodismo están reñidos, afortunadamente y por motivos esenciales. Por mi parte añadiría, aunque este punto de vista proviene ya más bien de mi ética personal, que el buen articulista sabe que en cierto modo es

Siempre nos quedará Robert Louis Stevenson.

---

un servidor público y que sus textos cumplen una función didáctica o lúdica pero siempre social. El pavoneo narcisista también es social, desde luego, pero al modo más bien pobre con que el onanismo es sexual. Un buen escritor de artículos es un acelerador de partículas imaginativas y racionales, lo cual excluye el mero capricho autocomplaciente. Trate de lo que trate, el artículo de periódico siempre cumple una función *política*, es decir, se debe a la *polis* y a las obligaciones de nuestra comunidad.

Es probable que estas virtudes del artículo se den también, más o menos transfiguradas, en las anotaciones de los blogs o fórmulas parecidas de la red. Sin embargo, éstas suelen incurrir en dos defectos que el artículo periodístico prácticamente nunca puede permitirse. Primero, la irresponsabilidad del anonimato. En la prensa siempre ha sido corriente firmar con seudónimos —desde aquellos de Fígaro o El Pobrecito Hablador de nuestro santo patrono Mariano José de Larra—, pero esos *noms de plume* suelen tener más de blasón que de disfraz. En un periódico, el autor de un texto siempre está localizado o es localizable, nunca puede difuminarse en lo inasible, desdoblarse para aumentar el impacto de su voz ni proferir enormidades desde detrás de una máscara que pertenece a cualquiera o a todos los que quieran adoptarla. El famoso rostro blanco de *V* fue, en la historia original de Alan Moore, un subterfugio para combatir la tiranía, pero hoy funciona como un truco para la impunidad en la ofensa o el delito, es decir, como un santuario de la cobardía.

El otro riesgo de las fórmulas paraperiodísticas en internet es algo que en ocasiones puede verse como una ventaja, incluso por algunos de quienes aún escribimos en periódicos convencionales: me refiero a la extensión del texto. Los que debemos atenernos a la estrechez de los márgenes de la prensa en papel, con sus endémicas carencias de espacio, envidiamos en ocasiones a quienes gracias a la anchura del ciberespacio pueden extenderse casi hasta el infinito sin más restricciones que las dictadas por la propia fatiga (aquí el aburrimiento del lector no cuenta). No niego que quizá en alguna ocasión esto suponga una ventaja real, pero me temo que no es así en la mayoría de los casos. Una de las lecciones de humildad que se reciben al colaborar en prensa es que el más apretado y compacto artículo que uno cree haber ya desgrasado al máximo siempre mejora cuando aún se le suprimen tres o cuatro líneas por exigencias de la composición de la página impresa. Así se sufre, pero también se aprende. Un articulista no debe escribir mucho, sino muchos pocos.

En la brevedad se encierra también cierta dosis de humanismo, es decir, un reconocimiento de la condición humana que implica la siempre demasiado cercana mortalidad. El pensador germano Odo Marquard, sin duda mi filósofo actual predilecto, lo expresa muy bien así en uno de sus (siempre breves) ensayos: «En vista de la brevedad de la vida de los hombres mortales, y en la medida en que, por decirlo así, constituyen un ataque a la limitada capacidad humana de atención y al escaso presupuesto de su tiempo de vida, los textos son siempre cargas y molestias para el prójimo. Esto significa que todo texto debe siempre hacer penitencia por su propia existencia» (en «El escepticismo como filosofía de la finitud», incluido en *Individuo y división de poderes*, Ed. Trotta). La brevedad es uno de los modos de purgar esa penitencia. El otro, señalado por Marquard, es el estilo. Esa voluntad de estilo que debemos al lector, aun a riesgo de ser derogados como «brillantes» –o sea, como «frívolos»– por quienes consideran que la gravedad no es sólo una ley física sino también moral, un signo de rigor. Para tomarse lo escrito en serio y no incurrir en la ligereza «periodística», esa abominación, ellos creen que la prosa no debe concederse ninguna complacencia estética, tanto menos lúdica. Pero yo prefiero ampararme de nuevo en Marquard: «El juego estilístico y estético de las formulaciones no es lo opuesto a la seriedad, sino una de sus concreciones: aquella que toma tan en serio la seriedad que considera necesario hacerla más soportable».

Brevedad mayor o menor, estilo y aún suele darse en los artículos reunidos en este libro una tercera forma de penitencia por el tiempo vital que exige leerlos. Tratan todos ellos de temas culturales, por lo que procuran ser siempre transitivos, no cerrados en sí mismos: cada uno remite a algún autor distinguido, a un libro digno de ser leído, a un film o una pieza dramática, a un cuadro o un cómic. El elogio que más agradezco para cualquiera de ellos es el de quien me dice: «gracias a ti conocí a». En varios se explicita mi preocupación por la educación hoy, en la era de internet, y también por el papel que puede jugar en ella (o sencillamente en el ajuar mental del hombre actual) la filosofía. A veces se me ha reprochado desde la exigencia académica, con mayor o menor simpatía, mi tendencia a intentar escribir sobre filosofía para quienes carecen de estudios y titulación en la materia. He solido encogerme de hombros ante estos reproches o tratar de justificarme más o menos embarazadamente, hasta que leí este concluyente dictamen de Odo Marquard (es la última vez que le cito, palabra, al menos en este prólogo): «Los filósofos que sólo escriben para filósofos profesionales actúan de un modo casi tan absurdo como actuaría un fabricante de calcetines que sólo fabricase calcetines para fabricantes de calcetines». Pues así procuro no figurarme que soy yo, el mismo que viste y calza.

Estas figuraciones mías se completan con otras figuras, fotografías tomadas en lugares y decorados literarios de mi predilección. Se deben a Sara Torres y, a pesar de su calidad estética ocasional, el lector puede creerme si le aseguro que en todos los casos lo más bonito estaba detrás de la cámara y no delante.

San Sebastián, agosto de 2013

PRIMERA PARTE

Admiraciones

El asombro de Cioran

He tardado dieciséis años en visitar la tumba de Cioran en el cementerio de Montparnasse. Aunque soy pasablemente fetichista y no me disgustan los cementerios, siempre que sea para estancias breves, las tumbas por las que siento más afición son las de ilustres desconocidos: es decir, autores cuyas creaciones he frecuentado mucho pero a los que no conocí personalmente o apenas traté. En el propio camposanto de Montparnasse hay bastantes de ellos: Sartre y Simone de Beauvoir, Julio Cortázar y por encima de todos Baudelaire. Pero en el caso de aquellos de quienes me he considerado amigo, soy más esquivo. Quizá por lo de que a los seres queridos uno los lleva enterrados dentro y todas esas cosas.

Cioran murió un 21 de junio, día de mi cumpleaños. Un par de años después desapareció también su maravillosa compañera Simone Boué, ahogada en la playa de Dieppe. Me es imposible decir a cuál de los dos recuerdo con mayor afecto. Ambos descansan juntos bajo la lápida gris azulada de Montparnasse, de una sobriedad extrema, realmente minimalista. Mientras iba en su busca, sorteando mármoles, cruces y ofrendas florales por los vericuetos funerarios, a veces peligrosos para la verticalidad del paseante, recordaba sus consejos: «Vaya veinte minutos a un cementerio y verá que sus preocupaciones no desaparecen, desde luego, pero casi son superadas. Es mucho mejor que ir a un médico. Un paseo por el cementerio es una lección de sabiduría casi automática». Luego soltaba una de sus breves carcajadas silenciosas y yo, en mi ingenuidad juvenil, me preguntaba si hablaba realmente en serio. He tardado en aprender que hablar sinceramente de ciertos temas demasiado serios implica el tono humorístico como único modo de evitar la solemne ridiculez.

Traté a Cioran durante más de veinte años. Nos escribíamos con frecuencia y yo le visitaba siempre que iba a París una o dos veces por año. Me dispensaba una enorme amabilidad y paciencia, supongo que incluso con cariñosa resignación. Se interesaba especialmente por todo lo que yo le contaba de España, tanto durante los últimos años del franquismo como en los primeros avatares de la democracia posterior. Por supuesto, no creo ni por un momento que fuesen mis comentarios apasionados y entusiastas sobre nuestras peripecias políticas los que le fascinaban, sino la referencia al país mismo, esa segunda patria espiritual que se había buscado, la tierra nativa del *desengaño*: «Uno tras otro, he adorado y execrado a muchos pueblos: nunca se me pasó por la cabeza renegar del español que hubiera querido ser». Porque aunque se convirtió en gran escritor francés y se mantuvo apátrida, parece cierto que durante un tiempo pensó seriamente en hacerse español. La buena acogida que tuvieron sus libros traducidos en nuestro país le produjo una sorpresa tan grata como indudable. Creo que hubo un momento en que fue más «popular» –por inexacta que sea la palabra– en España que en Francia. Nunca le vi tan divertido como al contarle que en el concurso de televisión de mayor audiencia en aquella época *(Un, dos, tres)*, uno de los participantes citó su nombre tras el de Aristóteles cuando le preguntaron por filósofos célebres.

Apreciaba especialmente la paradoja de que tanto yo, su traductor, como la mayoría de los jóvenes españoles que se interesaban por él fuésemos gente de la izquierda antifranquista. Incluso le producía cierto asombro, porque para él la izquierda era un semillero de ilusiones vacuas y de un optimismo infundado —ese pleonasmo— de consecuencias potencialmente peligrosas, que había denunciado en *Historia y utopía*. Y sin embargo le halagaba tan inesperado reconocimiento. En realidad, el asombro nos aproximaba, porque a mí me dejaba boquiabierto que alguien pudiera vivir y demostrar humor (Cioran y yo nos reíamos mucho cuando estábamos juntos) con tan implacable animadversión a cualquier creencia movilizadora y tan absoluto rechazo a las promesas del futuro. En cierta ocasión, tras haber demolido minuciosamente mi catálogo de candorosas esperanzas, me permití una tímida protesta: «Pero, Cioran, hay que creer en algo…». Entonces se puso momentáneamente grave: «Si usted hubiera creído en algunas cosas en que yo pude creer, no me diría eso». Y acto seguido volvió a su cordial sonrisa habitual, ante mi desconcierto.

Como yo era tan ingenuo entonces que no quería por nada del mundo parecerlo, me empeñaba en tratar de convencerle de que mi pesimismo no era menor que el suyo. Cioran me refutaba con amable paciencia, insistiendo en demostrarme que yo era incapaz visceralmente de aceptar las consecuencias pesimistas de las premisas que asumía para ponerme a su altura, seducido por el vigor irresistible de sus fórmulas desencantadas. Confusamente, trataba de explicarle que mi pesimismo era activo: cuando no se espera la salvación de ninguna necesidad histórica ni de ninguna utopía consoladora terrenal o sobrenatural, sólo queda la vocación activa y desconsolada de la propia voluntad que no se doblega. No siempre nos movemos atraídos por la luz: a veces es la sombra la que nos empuja. Más o menos disfrazadas, le repetía opiniones tomadas de Nietzsche, a quien también leía devotamente en aquella época. Solíamos dejar al fin nuestras discusiones en un amistoso empate. Pero es obvio que nunca logré convencerle, ni engañarle. Su último libro, *Aveux et anathèmes*, me lo dedicó con estas palabras: «A F. S., agradeciéndole sus esfuerzos por ser pesimista».

Con los años, ambos fuimos poco a poco sosegando la vivacidad de nuestros debates en una especie de familiaridad cómplice. Tras el asentamiento de la democracia en España, mis fervores fueron progresivamente renunciando a la truculencia y aceptaron cauces pragmáticos: se trataba de vivir mejor, no de alcanzar el paraíso. Los excesos pesimistas, lo mismo que las demasías del conformismo ilusionado, me parecieron –y me parecen– manifestaciones culpables de pereza que ceden el timón de la vida a rutinas fatales. Pero también Cioran en sus últimos años de lucidez, tras la caída de Ceaucescu, me daba la impresión de inclinarse por una especie de pragmatismo escéptico aunque sin embargo positivo. Por primera vez le vi celebrar acontecimientos históricos, desde luego sin arrebatos triunfales. A veces hasta me daba la impresión de estar parcialmente desengañado del desengaño mismo, la suprema prueba de su honradez intelectual.

Guardo especial recuerdo de una visita que le hice en el año noventa o noventa y uno, en su apartamento del 21 de la rue de l'Odéon. Fui acompañado de mi mujer y por primera vez en tantos años me encontré a Cioran solo en casa,

Por fin en la tumba de Cioran
y de su inolvidable compañera Simone.

porque Simone había salido con unas amigas. Para nuestra cena habitual había dejado unos filetes de carne convenientemente dispuestos en la cocina, listos para freír en la sartén. Queriendo evitarle tareas culinarias, le propuse que fuésemos los tres a cenar a cualquier restaurante próximo del barrio, pero no consintió en ello: yo siempre había cenado en su casa y esa noche no podía ser una excepción. Su exigente y generosa norma de hospitalidad no lo permitía. De modo que todos nos desplazamos a la minúscula cocina y allí se hizo evidente que el manejo de los fogones desbordaba ampliamente las capacidades de Cioran. Entonces mi mujer tomó el control de las operaciones, nos hizo abandonar el estrecho recinto para evitar interferencias y guisó sin muchas dificultades la sobria cena que debíamos compartir. Desde el exterior, Cioran la veía operar con rendida admiración, mientras me daba una breve charla sobre las admirables disposiciones naturales de las mujeres vascas para el arte culinario. Es una de las imágenes más conmovedoramente tiernas que guardo de él, tan incurablemente escéptico en la teoría pero capaz a veces de un asombro casi infantil ante los misteriosos mecanismos eficaces del mundo y los milagros de la amistad.

Creo que esa capacidad de asombro era uno de los encantos de su trato personal, pero también una de las características notables de su talante intelectual. A veces los escépticos adoptan la arrogante superioridad y la suficiencia desdeñosa de los peores dogmáticos: están convencidos de que nada saben ni nada se puede saber con la misma altanería que otros muestran en afirmar su convicción de que saben cuanto puede saberse. En ambos casos, lo malo no es ignorar o conocer, sino el estar tan radicalmente convencidos que ya nada puede asombrarles. Cioran permanecía en la tierra del asombro, perplejo incluso en sus negaciones y rechazos más viscerales. Nunca abrumaba con displicencia al creyente que balbuceaba frente a él, incluso parecía envidiarle a veces, aunque le cortaba decididamente el paso. Se asombraba sobre todo de que en la vida la maravilla coexistiese con el horror, como ya señaló Baudelaire: somos conscientes de la matanza general que nos rodea y del encanto de Bach. Sólo dos posibilidades permiten soportar los sinsabores de la existencia, ambas en permanente entredicho pero ambas también irrenunciables: la posibilidad del suicidio y la de la inmortalidad. Cioran permaneció siempre entre ambas, escéptico y atónito.

Cuando por fin encontré su tumba en el cementerio de Montparnasse, al leer su nombre en la lápida junto al de Simone, me puse a llorar. No de pena, desde luego, aunque tanto echo de menos a ambos cada vez que vuelvo a París y recuerdo nuestras cenas en la calle del Odéon, las charlas interminables y las risas. ¿Cómo podría lamentarme por ellos, cuando tanto les admiré y tanto enriquecieron generosamente mi juventud? No, supongo que lloré de gratitud y sobre todo de asombro. El asombro porque los que aún estamos ya no estamos del todo y de que aún siguen estando los que ya no están.

El sabio amable de Concord

En el siglo pasado, el pensamiento de Ralph Waldo Emerson fue poco valorado en Europa, al menos en la Europa continental. Se le consideraba una especie de rapsoda especulativo, cuya propensión declamatoria y elegíaca tenía más que ver con la caricia sentenciosa de las palabras que con el rigor de los conceptos. Lo leían los poetas, los fabricantes de discursos políticos y los aficionados a la literatura, pero no los filósofos. Incluso nuestro Santayana, que le incluyó en lugar destacado en su ensayo sobre *La tradición gentil en la filosofía americana*, mantenía hacia él una distancia no derogatoria pero reticente: «Emerson era un *yanki* astuto, por instinto en el lado ganador; era un alma alegre, infantil, impermeable a la evidencia del mal y de todo lo que no se acomodaba a su individualidad trascendental para apreciar u observar algo» (en *La filosofía en América*, Ed. Biblioteca Nueva). Es un juicio en parte perspicaz, pero malicioso y finalmente injusto.

La gran causa política que Emerson apoyó —el abolicionismo y las ideas lideradas por Lincoln— no eran ganadoras de antemano. Se comprometió en defensa de John Brown, el guerrillero antiesclavista que acabó ahorcado (todavía Brown, presentado como intransigente y cruel, es el «malo» de la película de Michael Curtiz *Camino de Santa Fe*, al que interpreta truculentamente el mismo Raymond Massey que también fue Lincoln en otros filmes). Y aunque es cierto que Emerson rechazó creer en la malignidad pura, que para él es «la última profanación, incompatible con el agente racional», y defendió la confianza en sí mismo y la grandeza humana, no ignoró los aspectos aciagos y fúnebres de nuestra condición. Baste decir que influyó decisivamente en Nietzsche, que no sentía predilección por los blandos.

Hoy en España contamos con buenas ediciones de las principales obras de Emerson: *Ensayos* (Espasa-Calpe), *Pensamientos para el futuro* (Península), *La conducta de la vida* (Pre-Textos), *Naturaleza y otros escritos de juventud* (Biblioteca Nueva). El último de ellos es *Hombres representativos* (Cátedra), en excelente edición y traducción de Javier Alcoriza y Antonio Lastra, a quienes también debemos agradecer las dos últimas versiones antes mencionadas. En particular Antonio Lastra, estudioso y traductor no sólo de Emerson sino también de Thoreau, Lincoln, Santayana, Leo Strauss o Stanley Cavell, ha escrito ensayos más que notables sobre y también en pos de Emerson, como los que reúne en *Emerson como educador* (Ed. Verbum). Su último libro, *Ecología de la cultura* (Ed. Katz), es un auténtico triunfo de erudición utilizada de forma fértil y creativa, algo que tanto agradecemos los lectores apresurados e ingenuos como yo.

En *Hombres representativos*, estudios sobre personajes tan dispares como Platón, Montaigne, Shakespeare o Napoleón, Emerson plantea el análisis y encomio de la grandeza humana. Cada una de las figuras geniales que considera no es ensalzada –sin omitir aspectos críticos– por su individualidad que abruma la colectividad mediocre que la rodea, sino precisamente como representantes de la magnitud de posibilidades que está en todos aunque sólo unos cuantos la realicen: «El hombre de genio nos informa no de su riqueza, sino de la riqueza común». El eminente puede ser único, pero nunca está solo ni expresa la inalcanzable soledad, sino que marca caminos sociales de superación. Ésta es la voz genuina de América como tierra de las oportunidades (un lema tantas veces pervertido), la mejor entraña democrática del gran país.

Y la generosidad intelectual y humana de Emerson, tan fructífera, se refleja muy bien en una obra monumental pero apasionante, *Emerson entre los excéntricos* (Ed. Ariel), de Carlos Baker, crónica de la andadura del sabio de Concord y de su estimulante relación con Thoreau, Hawthorne, Margaret Fuller, Melville, Whitman y tantos más. Un fresco divertido, conmovedor y sumamente significativo para quien quiera conocer a la generación que inventó los ideales de Estados Unidos, desde Lincoln hasta, por fin, Obama.

Sin engrudo

Ahora que acabamos de enterarnos de que hay quien confunde el acento regional con el balbuceo incongruente o la glosolalia, es el momento de confesar que a mí me encantan los acentos peculiares y múltiples que pueden darse en una misma lengua: en eso estriba su grandeza. Para quienes tenemos la inmensa suerte de visitar con frecuencia Iberoamérica, la diversidad de modalidades y tonos de nuestra lengua común es uno de los gozos menos desdeñables. Desde luego no me refiero solamente al acento de lo hablado, sino también al acento de lo *escrito,* perceptible gratamente incluso en los autores más cosmopolitas a este o el otro lado del Atlántico. En ocasiones no se trata sólo del acento nacional sino de un acento personalísimo, hecho de localismo, de resistencia ufana a lo local y de influencias «padecidas» por lecturas de otras lenguas. Hay casos excepcionales en que el acento inconfundible de un autor —convertido en estilo— es fácil de percibir en muchos otros que le siguen, incluso sin querer: por ejemplo, ¿cuántos escritores conocemos con un innegable y a veces demasiado cerrado acento borgiano?

Pocos acentos característicos encuentro más gratos y simpáticos —sin duda por razones obvias, nativas— que el de Pío Baroja. Leerle es como caldito de pollo reconfortante para mi viejo corazón atribulado. Fíjense: en *El escuadrón del brigante*, el cura Merino regaña a un faccioso que ha cumplido mal sus órdenes: «Otra vez no discurras, y lo que te se mande haz». ¿Quién se atreve en el mundo de nuestras letras a escribir tranquilamente así? De modo que suele gustarme empezar el año envuelto en algo de Baroja, aprovechando que es uno de esos autores generosos de los que siempre quedan cosas nuevas por descubrir, o viejas por recordar, que también la desmemoria senil tiene usos positivos. En los inicios de este 2009 he disfrutado de uno de sus libros que es puro tocino de cielo de comienzo a fin: *La ruta del aventurero*, sexta entrega de las *Memorias de un hombre de acción* (Aviraneta sólo aparece de modo tangencial y enmascarado tras un seudónimo, como un Arsenio Lupin cualquiera). Un Baroja romántico a regañadientes, que es el único romanticismo que no empacha: de una agilidad irresistible, impresionista, con su mejor humorismo malhumorado y un instinto certero para intrigar sin efectismo al lector cómplice. Y cómo sabe adjetivar a veces, al paso y sin darle importancia: recuerdo a aquella morena que le inquieta en un albergue y de la que sólo importa saber que tenía «ojos subversivos»...

Algunos reprochan a sus novelas cierto descoyuntamiento de la trama, en la que cada elemento se agrega a los demás sin pretensiones de férrea consecuencia. Como la vida misma: decía Nietzsche que hay quien se empeña en diseñar la vida con métrica y rima, procurando que los últimos versos «peguen» consonantemente con los primeros, mientras que él prefería escribir su biografía en verso libre. También en esto Baroja es espontáneamente nietzscheano, aunque sin la megalomanía que a veces aquejaba al genial maestro. Sobre todo, sus narraciones dan impresión de soltura deslavazada porque no se empeña en almidonarlas con las dosis de engrudo verbal y conceptual que otros manejan con tanta largueza. Reconozco que cada vez soporto menos el engrudo novelesco, que goza de tanto predicamento entre la crítica y el público actual, incluso en géneros supuestamente populares: sólo les diré que me resultan somníferos Mankell o Le Carré (los argumentos de este último, que no son malos, mejoran en el cine porque ahí no cabe tanto el engrudo). Incluso me impacienta a veces un artista eminentemente superior a ellos como John Banville. En una reciente entrevista, contaba Banville su disgusto cuando tuvo que viajar en avión junto a un desconocido que leía uno de sus libros y le oyó murmurar «¡demasiadas palabras!». No era yo, pero podía haber sido.

Después de refocilarme con Baroja paso al *Dietario voluble* de Enrique Vila-Matas, no menos delicioso que cualquiera de sus obras mayores (¡qué suerte tienen los que no saben escribir mal, cuando tan fácil nos resulta a otros!). Encuentro una defensa de Baroja como «escritor de fuste» y también una reflexión sobre las moscas en la literatura. Y claro, rememoro la digresión teológica sobre las moscas que acabo de leerle a don Pío: «¿Hay algo más cristiano que la mosca? La mosca es constante, persistente, zumbona. A la mosca le gusta andar en las llagas, en el pus, en las basuras, como a los verdaderos cristianos». Vaya por Dios...

Shakespeare se abre paso

En cierta ocasión, Borges asistió en una apartada localidad argentina a una representación de *Macbeth*. Todo en la función fue desastrado: decorados patéticos, actores que chillaban en lugar de declamar, una versión del texto vulgar, por decir lo menos. «Salí —concluye Borges— deshecho de pasión trágica: Shakespeare se había abierto paso.» En efecto, parece que incluso en las condiciones más adversas Shakespeare se las arregla para *alcanzarnos*, por difícil que sea su camino. Tal es, precisamente, la función de los clásicos en literatura. ¿Les admiramos porque sabemos que es de buen tono cultural? Yo creo que lo más admirable en ellos es que hayan sabido ganarse la admiración de tantos a lo largo de siglos. Porque lo importante —la savia de cualquier arte que quiere producir algo más que simple agrado— es la duradera admiración humana: cuenta más nuestra capacidad de admirar que los criterios con que se discierne (y a veces pretende codificarse) lo admirable.

Volviendo a Shakespeare, su fuerza poética para acuñar un repertorio de pasiones y zozobras que no dejan de inspirarnos quizá no le convierte en «inventor de lo humano» —como exagera el siempre excesivo Harold Bloom—, pero sí le distingue como un diseñador excepcional de perfiles en los que nos reconocemos. A partir de él no sólo somos humanos sino que también nos asumimos shakespearianos. Nos hemos acostumbrado a su voz y nos halaga pensar que a veces es la nuestra. Y eso a pesar de que no le han faltado denostadores de fuste, como León Tolstoi. Claro que merecer una larga reprimenda de Tolstoi añade también algo a su grandeza.

Las obras de Shakespeare no sólo se han abierto paso en las fórmulas teatrales más variadas, desde las más rigurosamente académicas a los caprichos menos recomendables, y a veces más acertados. También se ha revelado como un versátil guionista cinematográfico. No sólo en las diversas adaptaciones para la pantalla de sus dramas, algunas hondamente memorables, sino sobre todo en las incrustaciones episódicas de momentos shakespearianos en películas cuyo argumento trata de otras cuestiones. Casi siempre añaden un plus de conmovedora nobleza al momento, a veces ingenuamente efectista pero también eficaz. Por ejemplo —uno de mis preferidos—, el monólogo de Hamlet recitado sobre una mesa del *saloon* entre borrachos y pistoleros por el gran Alan Mowbray en *My darling Clementine* de John Ford. Incluso cuando se trata de una comedia con tintes paródicos, su voz emociona tras la sonrisa: por ejemplo en *To be or not to be* de Lubitsch (que bromea con él desde su propio título), cuando el actor judío recita la defensa *pro domo sua* de Shylock ante el público más necesitado de oírla, el propio Adolf Hitler.

En muchas ocasiones, el argumento de la pieza (*Macbeth*, *Ricardo III*, *Romeo y Julieta*, *El rey Lear*, etc.) pasa al celuloide —o a lo que ahora sustituya ese material— con radicales variaciones de época o de país. Pero también se intenta a veces

Comparando mi abdomen con el de Falstaff, en Stratford.

mostrar en la pantalla la representación misma en un marco insólito. Es lo que han hecho los hermanos Taviani en *César debe morir*, que filma la puesta en escena de *Julio César* en la cárcel romana de Rebibbia, representada por los propios reclusos. El escenario se adecúa extraña y fascinantemente a la tragedia y los improvisados actores tienen indudable fuerza. Sin embargo, da la impresión de que los Taviani son demasiado pudorosos en acercar el drama escrito a los dramas personales de quienes lo interpretan: la situación queda algo desaprovechada. Sobre todo discrepo de la frase que cierra la película y que parece ser como el lema que la resume. La dice el reo que interpreta excelentemente a Bruto, cuando acaba su papel: «Desde que he conocido el arte, veo mi celda como una prisión». Ése me parece un descubrimiento que puede hacerse sin necesidad del arte. La lección debería ser, a mi juicio (y con la pequeña autoridad de haber estado en la cárcel cuando me tocó): «Desde que conozco el arte, sé que un hombre nunca puede estar del todo prisionero». O lo que es lo mismo: Shakespeare y demás clásicos siempre sabrán abrirse paso y abrirnos paso fuera de cualquier cárcel.

Sentido y sensibilidad

La buena literatura no tiene sexo, ni siquiera género (la mala resulta irrelevante que lo tenga o no), pero cuando la escribe una mujer siempre será bautizada como «literatura femenina». Y se le asignarán rasgos idiosincrásicos que la cargan de un punto exótico, como si llegase desde un continente casi inexplorado. ¿Son acaso las buenas escritoras las indígenas de un continente apenas conocido por los varones? Así parece haber sido, desde Madame de Lafayette y Jane Austen, pasando por las Brontë, George Sand o la maravillosa Emily Dickinson, hasta comienzos del siglo xx. Pero entonces llegó Virginia Woolf, seguida luego por Simone de Beauvoir, y el espectro en camisón de «lo femenino» en literatura se convirtió en una antigualla más bien risible, como el fantasma de Canterville con el que nos hizo reír Oscar Wilde. Creer que esa denominación nos ayudará a entender mejor las obras de Silvina Ocampo y Marguerite Yourcenar, o las de Agatha Christie, J. K. Rowling o Fred Vargas, suena ahora un punto ridículo y hasta absurdo.

Pues bien: no hay una «literatura femenina», a efectos críticos, pero sin duda ha habido una larga lucha femenina para abrirse paso en la literatura monopolizada y dirigida por la autoridad de los varones. Si hoy, afortunadamente, esa batalla está ya decidida y han ganado las buenas, a pocas personas debe tanto ese triunfo como a Virginia Woolf. Llamarla «escritora» a secas es poco, porque fue en toda la extensión del término una «mujer de letras», una humanista en el sentido más moderno e innovador de esa calificación: novelista, cuentista, crítica de arte y literatura, ensayista, periodista, editora, alma de esa combinación de tertulia y sociedad secreta que fue el grupo de Bloomsbury, autora de un diario imprescindible y de una correspondencia que conmueve por su penetrante inteligencia y por su atormentado coraje. Si llamamos «intelectual» al artista que se compromete públicamente con causas cívicas, Virginia Woolf fue una de las figuras intelectuales decisivas del pasado siglo, pese a mantenerse alejada de la lucha de partidos, porque su ensayo *Una habitación propia* tiene tantas implicaciones políticas y culturales como el *Yo acuso* de Zola. Ninguno de quienes la hemos amado a través de la lectura podemos consolarnos de no haberla oído conversar.

Como novelista, resulta un reduccionismo inadmisible confinarla en el papel de mero epígono de James Joyce, aunque sólo sea en atención a que alguna de sus novelas –*Mrs. Dalloway*, por ejemplo– y varias de sus narraciones son tan buenas como lo mejor que escribió el gran irlandés. Fue una escritora experimental, lo que en su época no resulta demasiado insólito, pero a quien la mayoría de los experimentos le resultaron bien, lo cual ya es más raro. Demuestra penetración psicológica, aguda visión social, un humor malicioso no indigno de Swift aunque mucho menos explícito, y ocasionales toques de auténtica reflexión trascendente –¿filosófica?, ¿metafísica?– sin los cuales ningún buen narrador llega a ser verdaderamente grande. Y como crítica literaria, tanto de obras ajenas como de las propias (siempre desencantada, con sobrada razón, por el escaso reconocimiento que obtenían), alcanza con frecuencia una penetración y una libertad de juicio verdaderamente insólitas, en su tiempo... o en cualquiera.

No conozco escrito más emocionante –intelectualmente emocionante, no sólo en lo sentimental– que la carta de despedida a su marido Leonard cuando decidió suicidarse. Acaba con la frase más terrible y más sincera («No creo que dos personas puedan ser más felices de lo que hemos sido tú y yo»), la declaración estremecedora de que ni siquiera la felicidad basta. Lo que más tememos oír. Y comienza: «Siento que voy a enloquecer de nuevo». Pero no se trataba solamente de un pánico por la cordura personal. Los nazis amenazaban con invadir

Llueve en Londres, *as usual*, pero Virginia Woolf y yo estamos acostumbrados.

Inglaterra y la tenían en la lista de personalidades que debían ser eliminadas cuando dominaran la isla. Ella presintió que formaba parte natural e inevitable del enemigo de los bárbaros y que era en realidad Europa la que iba a enloquecer de nuevo.

Admiración por la fiera

Los agobios estivales son propicios a la aparición periodística de monstruos que entretengan la sequía de noticias. La serpiente de mar y su pariente escocés, la criatura del Loch Ness, eran en el pasado personajes asiduos de esta cita anual. Sin embargo, este año han abundado en los noticiarios los monstruos menos conjeturales y más feroces, como el asesino de masas en Noruega, los crímenes del gobierno de El Asad en Siria, la pavorosa hambruna de Somalia o los altibajos de la deuda que agravan la crisis en varios países, entre ellos España. Ante tan formidables amenazas, la serpiente de mar parece tan tierna y familiar como el patito de goma que amenizaba nuestros baños en la infancia.

De modo que hemos acogido casi con alivio la crónica de las fechorías del toro *Ratón*, un peligroso veterano de las numerosas fiestas levantinas de recortadores, es decir, voluntarios en exponerse ante los astados y burlarles arriesgadamente a fuerza de agilidad y sangre fría. Desde hace años, *Ratón* se ha convertido en una leyenda sanguinaria: tiene en su haber numerosos heridos graves y al menos tres muertes, la última hace pocos días en Xàtiva, un joven de veintinueve años al que la bebida impulsó al error fatal de enfrentarse a él sin estar en las debidas condiciones. *Ratón* es un toro lucero de nada menos que diez años y quinientos kilos, implacable por naturaleza y que acumula una experiencia de encuentros con los humanos que triplica el riesgo de ponerse ante sus astas. El caso de este morlaco casi sabio señala una de las razones por las que a los toros se les da muerte después de cada corrida: porque a lo largo de la lidia aprenden demasiado.

Pero también pueden deducirse otras consideraciones de este caso. La cotización de *Ratón* como estrella ominosa de esos festejos ha subido como la espuma tras sus hazañas sanguinarias: su caché se ha multiplicado y ahora se ha convertido en una saneada fuente de ingresos para su dueño, que naturalmente se resiste a jubilarlo. Su fama infame le ha ganado al toro feroz una popularidad indudable: le gente le reclama y su presencia en el ruedo aumenta la recaudación. Por lo tanto, quizá haya que poner en duda el clásico dogma de que los espectadores van a la plaza a ver sufrir al animal. Porque no es *Ratón* el que sufre. Más bien se diría que lo que gusta es ver a quienes se enfrentan a él jugarse de veras el tipo. Parece indudable que si todos los toros que se lidian fuesen tan resabiados y dañinos como *Ratón*, las corridas estarían probablemente mucho más concurridas y se recuperaría un cierto tipo de afición. Claro que el arte de las faenas, en su dimensión netamente estética, se vería seriamente comprometido por un adversario como ése.

Habrá muchos que se escandalicen ante un juego tan peligroso, hasta brutal si se quiere. Pero incluso en nuestro siglo aséptico e higiénico, los humanos sabemos que nuestra vida es una danza irrepetible, frágil y arriesgada frente a la muerte. ¿Puede evitarse la admiración por la fiera que la representa y por la hazaña que consiste en burlarla, cuando se puede?

El Averno: la casa de todos

El infierno es la patria de lo irreal y de los buscadores de la dicha. Es un refugio para quienes huyen del cielo, que es la patria de los amos de la realidad, y para quienes huyen de la tierra, que es la patria de los esclavos de la realidad.

George Bernard Shaw, *Hombre y superhombre*

Cuando los niños juegan, prefieren ser el malo de la historia que el bueno. Se es bueno siempre más o menos del mismo modo —abnegación, instinto protector hiperdesarrollado, rechazo de astucias y argucias para obtener nuestros nobles fines...—, mientras que la maldad es incansablemente variopinta. Todos los héroes son en blanco y negro, mientras que los villanos del cuento (y las villanas, por favor, no olvidemos a las villanas) lucen todos los colores chillones imaginables. Por supuesto, también los niños sienten más curiosidad en visitar el infierno que el azucarado cielo. Coinciden en tal predilección con muchas generaciones de lectores de Dante Alighieri, cuya *Comedia* debería llamarse *Diabólica* en lugar de *Divina* porque es mucho más recordada por los tormentos inventivos que padecen los condenados (y su representación por Gustave Doré) que por los escasamente atractivos encantos de un paraíso en exceso metafísico. Gracias a Dante todos sabemos que el Infierno (y su antesala, el Purgatorio) es un lugar estética y socialmente creíble hasta para los escépticos religiosos más contumaces, mientras que el Cielo y su gloria eterna ofrecen escaso pábulo tanto a nuestra imaginación como a nuestras más íntimas apetencias. En el Infierno podríamos encontrarnos con casi todos nuestros conocidos y estar como en casa (incomodidades incluidas), mientras que en el Paraíso sólo podremos frecuentar al tipo de gente que por lo común rehuimos en los encuentros mundanos del más acá.

También los artistas, que comparten afanes lúdicos con los niños aunque tienen mayor capacidad de perpetuar sus juegos, demuestran similar predilección por el lado oscuro, culpable e infernal. La dicha eterna es un premio vagoroso y desde luego inimaginable, una recompensa homogénea e invariable cuyo mérito es anular el tiempo pero no poblarlo de delicias: una vieja leyenda nos presenta a un monje que desconfiaba de las alegrías celestiales milagrosamente absorto en el canto de un ruiseñor durante lo que él considera unos pocos minutos que en realidad son largos siglos (lo que me demuestra que no hay quien aguante más tiempo disfrutando de los trinos del pajarito). Por su parte, León Tolstoi, en el famoso comienzo de *Ana Karenina*, descarta que las familias felices puedan tener historias interesantes, mientras que se muestra convencido de la variedad narrativa que ofrecen las desventuras humanas. En el terreno de las artes plásticas, esta propensión se acentúa aún más: los personajes satánicos y sus presas son invariablemente pintorescos, es decir «pintables», mientras que los santos ofrecen una imagen tan sosa que desanima a cualquiera: entre los insípidos angelotes de Murillo y los rebuscados condenados del Bosco, francamente no hay color. Cuando se los logra representar de manera más interesante e individualizada es cuando aparecen martirizados (los ojos en la palma de la mano, los pechos cortados de las vírgenes, la parrilla en la que arden o la fiera que les destroza), es decir, cuando se nos muestran padeciendo en este mundo los tormentos infernales que no conocerán en el otro. Sin el toque infernal, nadie sale de la *mediocritas*, por áurea y bienaventurada que sea.

¿Cuál es el peor tormento que conoce el ser humano? Sin duda, el aburrimiento. Es el único que de veras humilla, el que no se puede soportar de ningún modo racional o digno porque frente a él no caben ni la rebelión ni el heroísmo. Nadie obtiene gloria de luchar contra el hastío. Es curioso que a los inventores de torturas —que tanto han hecho por la aborrecible fama del infierno— no se les haya ocurrido recurrir a ésta y se la hayan cedido generosamente a los administradores del cielo. Porque el báratro es incompatible con nuestro fastidio esencial y promete siempre entretenimiento, aunque sea sumamente doloroso. El poeta John Donne dijo que «nadie duerme en el carro que le lleva al patíbulo», y lo mismo podríamos afirmar de quien pernocta en el Averno por los siglos de los siglos. En el fuego eterno, uno se retuerce pero nunca languidece ni sestea. Ruidoso de clamores y latigazos, el Averno está tan animado de diversos frenesíes como una discoteca: es el auténtico *after hours*, la juerga atroz en que desembocan todas las rutinas y concluyen los afanes y horarios laborales de este mundo. No garantiza precisamente el confort ni el bienestar, pero asegura un estar fatal que por lo menos no nos dejará repantingarnos y suspirar a la espera de que por fin ocurra algo. Cuando estemos en el infierno, por fin podremos añorar que dejen de pasar cosas y no que pasen otras nuevas: idealizaremos por primera vez con sinceridad el aburrimiento como una forma de beatitud.

Otra de las ventajas evidentes que tiene el infierno es su ambiente *familiar*: en su reclusión estamos en lo conocido y entre conocidos, a diferencia del Paraíso, lugar inapelablemente extraño y en el que es difícil suponer que vamos a encontrarnos con la gente a cuyo trato estamos acostumbrados (francamente: ¿cuántos «santos» creen haber conocido personalmente ustedes?). Por muy desacostumbrados que resulten sus paisajes y la transformación sufrida por sus habitantes forzosos, el infierno es un sitio que todos hemos vislumbrado ya más de una vez. Puede que nos hayamos equivocado en cuanto a los detalles, pero no respecto a su función esencial ni a sus coordenadas principales. A fin de cuentas, tiene el olor y el fragor –incluso el dolor– de nuestras pasiones y apetencias, de modo que resulta ser nuestra casa común, es decir, el lugar en que todo el mundo va a encontrarse más o menos como en casa. Allí nos lleva el uso de nuestra libertad –mal empleada, si se quiere, pero ésa es precisamente la gracia de ser libre, ¿no?– y nunca la mera necesidad, ni el automatismo obediente, ni la servidumbre a las tiranías bienintencionadas que hemos querido rechazar. Por eso los poetas y los pintores lo retratan apelando, sí, a nuestras más rebuscadas pesadillas pero atendiendo sobre todo a nuestros deseos más comunes e inconfesables. Por fantástica que a veces resulte la zarabanda de sus incomodidades punitivas, cualquier representación literaria o gráfica del infierno es a fin de cuentas siempre realismo social.

Al principio, el Averno no era más que el lugar al que iban los humanos tras su muerte. No padecían allí otro castigo salvo el saberse muertos y por tanto definitivamente excluidos de las labores y afanes de la vida. Es la condena más realista y también más humanista, la única en que no hace falta ninguna imaginación sádica para inventar: la de que, si hay consciencia después de la muerte, nadie podrá razonablemente alegrarse de haber muerto. La resume con toda propiedad el difunto Aquiles, cuando Ulises baja al Hades para consultar a los muertos: «Preferiría ser un porquerizo en la tierra, estando vivo, que ser rey en el mundo de los difuntos». Después, el más allá se convirtió en un reparto de galardones de fin de curso: por un lado, los bienaventurados y su recompensa, por otro, los condenados con sus diversas torturas. E incluso hubo ocasión de suponer que entre los goces de los primeros estaría el no pequeño de asistir con regocijo al sufrimiento de los réprobos, como reconoció con franqueza poco caritativa el teológicamente incorrecto Tertuliano. Lo cierto es que, si bien algunos líderes religiosos han contribuido con sus doctrinas a aliviar angustias y enemistades entre los hombres, los teólogos se han especializado más bien en agravar nuestro ya considerable estrés vital.

En cualquier caso, el camino de descenso al Averno siempre ha sido fácil –como señalaron Virgilio y Dante–, pero en cambio la salida ya es otro cantar. El propio poeta toscano pasó sus aprietos para abandonar el infierno, pero como estaba vivo y no probó ninguno de los productos típicos de la región infernal, no le pudieron retener allí abajo. Peor suerte tuvo Orfeo con su amada Eurídice, cuyo fracasado rescate ha sido tema favorito de la pintura clásica (en el Prado está representado por obras de Pieter Fris, Gaetano Gandolfi y Pedro Pablo Rubens). El descenso de Orfeo al Averno no fue solamente fácil sino incluso triunfal: el encanto melancólico de su música conquistó al feroz Cancerbero, al propio Hades y hasta alivió por un rato los padecimientos de los condenados. Por lo visto, sus castigos son incompatibles con las melodías y así de paso descubrimos los futuros huéspedes de esos lares otros atractivos infernales, junto a la buena compañía y la diversidad de paisajes y situaciones: sufriremos mucho, seguro, pero por lo menos no tendremos que soportar ningún tipo de hilo musical. Sin embargo, como es bien sabido, en el camino de vuelta Orfeo perdió a Eurídice por violar la única condición que se le había impuesto como peaje de salida: no volver la vista atrás. No faltan razones para que incurriese en el azoro de esa fatal mirada retrospec-

Junto a Dante, poeta guerrero y diplomático, en Campaldino.

tiva. ¿Cómo estar seguro de que su acompañante era precisamente su amada y no algún engendro demoníaco con cuya compañía, para colmo, tendría que cargar el resto de su vida terrena? Incluso sin bajar al infierno, la duda sobre la verdadera índole de quien comparte nuestra casa la han tenido antes o después todos los que viven en pareja. Se me ocurre, sin embargo, otro posible motivo para la imprudencia de Orfeo. Quizá volvió la cabeza no para cerciorarse de quién le acompañaba, sino para despedirse con nostalgia del Averno mismo y del agradecido público que había encontrado en él. Los artistas son así. Sea como fuere, Orfeo se quedó sin su amante, pero nosotros ganamos gracias a ese episodio algunas hermosas estampas y un lamento de belleza sin par, orquestado por Gluck: «Che farò senza Euridice?».

El caso de la hija de Deméter, la muchacha *(koré)* llamada Perséfone o Proserpina, es algo más complicado. También ha inspirado a pintores, como Pieter Brueghel el Joven o Cayetano Rodríguez con obras de este asunto en el Prado. A diferencia de Eurídice (muerta por la picadura de una serpiente venenosa), Perséfone estaba bien viva cuando fue raptada por Hades y llevada al inframundo, para ser sometida a los vejámenes eróticos propios del caso. Su madre, Deméter, la buscó por todas partes hasta llegar a Eleusis y consagrar allí los famosos misterios con su rara pesquisa. Pero cuando, tras mil peripecias, la encontró e intentó llevársela de regreso a casa, se encontró con un obstáculo imprevisto aunque decisivo: la niña había comido una fruta nativa del tenebroso lugar y por tanto pertenecía ya a él, al menos en parte. Primera conclusión: nunca bebas agua del grifo si viajas a México ni comas nada si estás de paso en el Infierno, para ahorrarte trastornos indeseables que conceden una especie de ciudadanía forzosa. Como es bien conocido, la atribulada y tenaz mamá logró finalmente un arreglo más o menos al gusto de todos: la muchacha permanecería tres meses al año en el Averno como reina consorte y el resto en la tierra que compartimos los vivos, para alegría de su familia y salud de las cosechas. Sin embargo, hay algo que no deja de ser inquietante en ese personaje femenino, cuyo estatuto de víctima tiene ciertos rasgos ominosos. Tanto el nombre griego de la *koré* (Perséfone) como el latino (Proserpina) significan más o menos lo mismo y nada bueno: «la destructora, la que trae el desastre, la temible, la que causa terror...». Tal como algunos relatos sobre la vida de Lázaro tras su resurrección, por ejemplo el magnífico de Leónidas Andreiev, señalan que el beneficiado nunca dejó de inspirar sobresalto por su inconfundible aroma al más allá, también parece que la muchacha raptada y devuelta por el Infierno siempre conservó ya algo de diabólico en su identidad itinerante. Quizá por eso cada nueva primavera no es sólo jubiloso renacer de la vida sino anuncio de su inevitable brevedad y ofrenda de nuevos herederos al reino de la muerte.

Entre todas las representaciones infernales que se encuentran en el Museo del Prado, mi preferida sin lugar a dudas es la obra maestra de Joachim Patinir, *Caronte atravesando la laguna Estigia*. El mercenario barquero, un enorme anciano vigoroso y lleno de determinación, traslada a un pequeño y vulnerable fallecido como único huésped de su barca. El pintor lo retrata a medio camino entre las dos orillas, la aún prometedora y risueña donde moran los vivos y la oscura y fogosa en la que acaban los que van a cruzar la puerta que no admite ninguna esperanza como equipaje. En el cuadro, la escena es aparentemente plácida, con una serenidad reforzada por los mágicos azules que caracterizan la fama del artista. Pero bien considerado, el momento encierra también un *suspense* crispado y atroz. Sabemos que todo está ya decidido y, sin embargo, la nave fatídica aún está a medio camino, todavía no ha llegado a la orilla. ¿Podría un nuevo soborno convencer a Caronte para que volviese atrás? ¿Sería capaz el alma en pena de una última rebelión, de sublevarse y saltar al agua para volver a la ribera perdida de la vida, contra todo lo que sabemos y tememos, contra todo lo que esperamos? Desde luego sería el primer caso conocido, pero precisamente la mitología se alimenta de tales casos únicos cuyo suceso inaugura una nueva perspectiva sobre la realidad simbólica en la que habitamos. De modo que inevitablemente, ante esa estampa magníficamente tranquila aunque también secretamente convulsa de indecible esperanza, uno siente ganas de gritar desde el fondo de nuestro miedo pero también desde lo que nos queda de alma: «¡Salta, colega! ¡Decídete y salta, hermano, compañero! ¡Sálvate y sálvanos a todos! Muestra el camino de retorno». Sin embargo, por el momento ahí siguen las dos orillas, la sonrisa de la vida y la mueca fatal del otro lado, la condena y el bloqueo de la esperanza: la barca sigue bogando por el centro de la laguna Estigia, donde hace casi quinientos años la dejó el pincel de Patinir.

Aquel contemporáneo esencial

Creo que se ha infravalorado el papel de los inquisidores en la promoción de las más interesantes obras literarias. Oscar Wilde señaló que lo más decisivo de la literatura moderna se encuentra en los libros que *no* debían leerse. Para quienes crecimos y tratamos de desarrollarnos intelectualmente bajo la dictadura gazmoña y obtusa del franquismo, las fobias de los censores nos sirvieron a menudo como pistas para encontrar los autores que más necesitábamos. Franco era, heráldico, el Centinela de Occidente, pero en las garitas de la censura bibliográfica los que montaban su guardia prohibitiva eran los clérigos. Los mismos, por cierto, que hoy reclaman con vehemente elocuencia la libertad en la enseñanza que antes tanto obstaculizaron y que se alzan contra asignaturas «adoctrinadoras» como la Educación para la Ciudadanía pero siguen queriendo adoctrinar religiosamente en las escuelas.

En aquellos tiempos, dos jesuitas – ¡qué le vamos a hacer!– se sucedieron en la publicación de guías de lecturas que calificaban las obras según criterios de mayor o menor inmoralidad, lo mismo que ahora reparten estrellas o tenedores las guías gastronómicas (que por cierto, en muchos casos no son menos dogmáticas ni supersticiosas). El primero fue el padre Ladrón de Guevara, con sus *Lecturas malas y buenas* (aclaraba que el título respondía a que hay más de las primeras que de las otras), el cual nos previno contra el «impío Baroja» y en la clasificación alfabética, al llegar a Galdós, recomendaba «búsquese en Pérez cuán malo es este autor». Creo que sólo se salvaba, y no sin alguna reticencia, el padre Luis Coloma (¡«Jeromín»!). Después fue seguido por el padre Garmendia de Otaola, que llevaba un registro minucioso de cuanto se publicaba, asestando también una ristra de prevenciones aunque algo más modernizada, pues un libro ya no sólo podía ser «crudo» o «lascivo», sino también «marxista». Por supuesto, los jóvenes pervertidos que consultábamos los varios volúmenes de su anuario seguíamos los denuestos como si fuesen ovaciones y buscábamos con celo las obras que los merecían.

En algunas sonadas ocasiones, el buen jesuita de Deusto se ahorraba los calificativos descalificadores y hacía descender el telón sobrio de lo inapelable: «todas sus obras están incluidas en el *Índice de libros prohibidos*». Era para mí el diez sobre diez, la matrícula de honor con premio extraordinario. Así localicé a André Gide, y sus *Nourritures terrestres* se convirtieron en una guía vital (y sensual) para mí, hasta que lo sustituí por el *Zaratustra* de Nietzsche, que es droga más dura. Pero siempre he conservado un especial afecto intelectual por quien fue considerado en su época «el contemporáneo esencial», es decir, aquel cuya vigilancia y referencia establecía el control moral de la actualidad. Por eso he disfrutado y agradecido especialmente el excelente ensayo que acaba de dedicarle Luis Antonio de Villena (*André Gide*, Ed. Cabaret Voltaire) y que, más allá de lo meramente biográfico, profundiza con agudeza en la interpretación del complejo personaje y la repercusión de sus obras en los autores españoles.

No me atrevo a decir cuáles pueden ser los escritos de Gide más atractivos para el lector actual. Como lo que guarda mayor fascinación es su propio personaje, quizá sean sus textos autobiográficos, empezando por *Si la semilla no muere* y concluyendo por el emocionante *Así sea*. Y desde luego el oceánico *Diario*, más de dos mil quinientas páginas, que quizá resulte preferible leer en una antología como la preparada por Peter Schnyder para Folio. Los grandes diarios de los literatos franceses (el de Jean Renard, el de Paul Léautaud, el de Paul Morand y desde luego el de André Gide) fueron los antecedentes de los blogs actuales. A veces padecen defectos similares, algunos de los cuales le criticó Roger Caillois a Gide, pero también son igualmente adictivos. Y en el suyo, Gide acertó a veces a expresar en dos líneas su ideal artístico («Las cosas más bellas son las que inspira la locura y escribe la razón») o su personalidad misma: «No soy más que un niño que se divierte, doblado de un pastor protestante que le aburre».

Un hombre entero

Supongo que para la mayoría de la gente de letras no puede haber nada más grato que ser invitado por el Hay Festival a Cartagena de Indias, en Nueva Granada, Colombia. Alojarse en pleno casco viejo de la ciudad y desayunar en un delicioso patio todas las mañanas, junto a Mario Vargas Llosa o Julian Barnes. Hace mucho calor, incluso en enero, aunque vale la pena sudar un poco para oír luego disertar a Herta Müller o John Lee Anderson. No crean que no aprecio tales ventajas, todo lo contrario. Pero sin embargo, en cuanto pude librarme de mis obligaciones, me escapé, tomé un taxi y dije: «Por favor, lléveme a la estatua de don Blas». El taxista asintió sonriendo.

Allá en Cartagena conocen mucho más que en España a don Blas de Lezo y Olabarrieta (1689-1741), el ilustre guipuzcoano de Pasajes. Me he pasado la vida leyendo novelas de aventuras, de modo que pueden creerme: ni Salgari, ni Pérez-Reverte, ni Patrick O'Brian ni nadie habría sido capaz de inventar peripecias de riesgo y heroísmo como las que protagonizó ese pasaitarra. Los mares no han conocido marino tan intrépido ni estratega tan genial. Era sólo un niño (¡doce años!) cuando embarcó por primera vez y un adolescente (diecisiete años) cuando un obús le destrozó la pierna izquierda en una batalla: se la cortaron por debajo de la rodilla, sin anestesia ni una sola queja. Después, una serie de hechos de armas a cual más glorioso por el Mediterráneo (Génova, Orán), por el océano Pacífico limpiando de piratas las costas de Perú, por el Caribe. Otros se especializan en disculparse o justificar sus derrotas, él prefirió dedicarse a ganar cuando lo tenía todo en contra. Pagando un alto precio, eso sí: tras la pierna perdió un brazo y un ojo. Sus compañeros de travesía, que le habían motejado de joven Patapalo, le llamaban después Medio Hombre tras sus mutilaciones. Era una forma descarnada y ruda de elogiarle, claro, porque todos sabían que, en lo que cuenta, no hubo nunca hombre más entero que don Blas.

Su último destino, siendo ya general de la Armada, fue defender contra los ingleses Cartagena de Indias, la llave de las posesiones españolas en América. La Royal Navy dispuso para el caso la mayor flota que nunca se había visto ni volvió a verse hasta el desembarco de Normandía: casi doscientos barcos y treinta mil hombres. Lezo contaba con seis buques y menos de tres mil soldados. Edward Vernon, el almirante inglés, estaba tan convencido de su aplastante superioridad que al primer atisbo favorable en el combate envió noticia a su rey de la victoria en Cartagena. Y éste, ni corto ni perezoso, mandó acuñar una moneda conmemorativa en la que se veía a Lezo arrodillado ante su supuesto vencedor, con la leyenda: «La arrogancia de España humillada ante el almirante Vernon». Tuvo que arrepentirse luego de tanta precipitación, cuando llegaron noticias más fiables: aunque pareciese increíble, Blas de Lezo se las arregló para diezmar a la flota británica, que no volvió a levantar cabeza hasta Trafalgar, y provocó una auténtica matanza entre sus tripulantes. Y eso que no sólo tuvo en contra la desproporción de fuerzas sino también la hostilidad del virrey Sebastián de Eslava, que obstaculizó sus decisiones y después envió a la corte de Madrid informes desfavorables sobre el incómodo subordinado. Lo ha contado noveladamente Pérez-Foncea en *El héroe del Caribe* (Ed. LibrosLibres) y antes el senador colombiano Pablo Victoria Vilches en *El día que España derrotó a Inglaterra* (Ed. Áltera).

Ya estoy ante la estatua de don Blas, bajo la mole del castillo de San Felipe. Oscura y desafiante, con su pata de palo, su manga vacía y su parche en el ojo, blandiendo la espada. A mi lado, el taxista comenta: «Cuando yo era niño, mi padre me trajo aquí, como su padre le había traído a él». Y yo pensé que nadie se hubiera atrevido a decirle en la cara a este vasco aguerrido que no era español.

Aventuras del Capitán Russell

Supongamos que usted, amable lector, nació en España entre principios de los años treinta y finales de los cincuenta del pasado siglo. Y supongamos también que usted es una persona normal, sana e inteligente, es decir, que durante su infancia y adolescencia (que bien pudiera haberse prolongado en ese aspecto hasta hoy mismo, como puedo personalmente atestiguar) disfrutó con los tebeos más que con nada en la vida. Pues si tal es el caso, no debe perderse *Tragados por el abismo* (Edicions de Ponent), la estupenda historia del tebeo de aventuras en España escrita por Pedro Porcel, ilustrada con tan abundante generosidad y tino como para complacer al nostálgico más exigente. Una auténtica orgía con menores pero sin atisbo de violación ni abuso porque tales menores son los que todos llevamos dentro: esos niños nunca del todo «tragados por el abismo» del tiempo aniquilador.

El estudio de Porcel no sólo está bien documentado sino también escrito con gracia y soltura. Uno de sus aciertos es relacionar los argumentos y personajes de las historietas con sus precedentes en la novela o el cine. Otro, distanciarse de esa teoría reduccionista que descalifica a algunos héroes emblemáticos (*El guerrero del antifaz, Roberto Alcázar y Pedrín*, etc.) como simples emanaciones de la ideología franquista. Aunque jugaron con las cartas marcadas por la dictadura, tienen sus propios aciertos como estímulos ingenuos de la imaginación popular, que a fin de cuentas es la que termina sobreponiéndose a las grisáceas tiranías. Y que conste que hubo obras maestras en ese género, hoy ya en vías de olvido. ¿El capitán Trueno? Desde luego, pero a mí que me entierren también con el inspector Dan de Giner y el Cachorro de Iranzo...

Confieso que hoy muchas de las llamadas «novelas gráficas» resultan demasiado adultas para mi gusto. Se toman tan en serio su papel sociológico y sus denuncias históricas que terminan siendo tan cargantes como las novelas no gráficas que debemos padecer para edificación de nuestra alma. Por supuesto, siempre puede uno refugiarse en el *Hellboy* de Mike Mignola, en las sagas italianas editadas por Bonelli (como *Dampyr* o el invariablemente entretenido *Dylan Dog*) y, cuando falta lo demás, en las reimpresiones hoy frecuentes de los clásicos de Buscema, Alex Raymond y compañía. Pero de vez en cuando aparece la novedad de una joya sin descoyuntamientos tenebristas ni realismo de telediario que es realmente «para todas las edades» como suele decirse, y que nos reconcilia con las posibilidades del género.

Tal es el caso de la que me parece la mejor novela gráfica de los últimos tiempos: *Logicomix*, editada en Estados Unidos por Bloomsbury y recientemente también en España. Su argumento se debe a los griegos Doxiadis y Papadimitriou, con dibujos de Papadatos y color de Annie di Donna. El protagonista de este cuento delicioso no es un guerrero ni un detective, sino el gran filósofo Bertrand Russell. Y en él aparecen como personajes invitados algunos de los mayores lógicos del pasado siglo, implicados en los episodios políticos y bélicos de su época pero sobre todo en la mayor aventura épica imaginable: la búsqueda de la verdad racional. ¿Un tema árido y poco popular? Todo lo contrario, gracias al talento cándido pero también sabio de los guionistas y al enorme encanto de las ilustraciones de línea clara en las que encarna el relato. El manido lema de «instruir deleitando» suele sonar justamente ominoso a los más pequeños y también a quienes estamos de su parte: en esta ocasión, sin embargo, se cumple de forma casi mágica y a todas luces ejemplar.

El último regate

Éste no va a ser mi primer artículo sobre fútbol, a tanto no me atrevo, pero sí mi primer y casi seguramente último con un futbolista como pretexto. Excusa mi impertinencia que el futbolista sea tan grande que esté en la memoria hasta de uno de los pocos niños que no fueron aficionados al fútbol cuando todos lo eran, incluso quizá más que ahora: Alfredo Di Stéfano. En el colegio, durante las pausas entre las clases, sólo cuatro o cinco nos retirábamos a un rincón del patio mientras el resto de la clase jugaba un partido multitudinario e interminable que proseguía de recreo en recreo. Hablábamos de lecturas o de nimias fantasías, entre orgullosos y acomplejados por nuestra singularidad, mientras los profesores nos dedicaban comentarios sarcásticos y esquivábamos los balonazos extraviados hacia nosotros, no siempre por azar. ¡Cómo llegué a odiar el pelotón áspero y pesado, siempre cubierto de barro, que podía llegar desde cualquier parte con su mazazo! Todavía lo odio: para mí no hay más balón bueno que el balón muerto y desinflado.

Durante toda mi infancia, Di Stéfano fue el símbolo del fútbol y con él de la celebridad y la gloria. Dada mi temprana antipatía por ese deporte obligatorio (también hoy, cuando llegamos a la sección de deportes de un periódico o un informativo, lo que recibimos es casi exclusivamente una sobredosis futbolística) debería haber visto al jugador con el mismo desdén con que el rey Lear insulta al vasallo que le ofende llamándole *football player*. Pero lo cierto es que el aura dorada de su figura hecha de agilidad y precisión me fascinaba. Soy de los que se creen la excelencia de los mitos no por fe en el individuo sino en la humanidad: no me alineo con los partidarios del «no será para tanto», sino con los del «se nota que tiene algo». En una sesión del casto y ruidoso cineclub colegial nos pasaron *Saeta rubia*, que no era precisamente *Evasión o victoria* en cuanto emoción cinematográfica, pero bastó para hacerme devoto del prestigio de su protagonista. Lo que no consiguió es que fuese a ver ni un partido de fútbol en vivo; milagros, los justos...

Pero luego me enteré de que, si bien yo no compartía con Di Stéfano la afición por el balompié, él sí gustaba de mi deporte favorito: las carreras de caballos. Era *burrero*, como decimos en Argentina. Me contaron que cuando jugaba en el River, a cada poco del partido corría a la banda para entrevistarse con un personaje al que algunos tomaban por un mentor de la estrategia en el campo, pero que en realidad le informaba de los resultados del hipódromo de Palermo, en cuyas pruebas se jugaba buenos pesos. Y en Madrid, en la Zarzuela de los tiempos felices (o recordados como tales por los adolescentes de entonces) tenía siempre su lugar preferente con otros futbolistas también *burreros*, en cuya compañía nunca faltaban damas célebremente hermosas. Allí vi por primera y temo que última vez en carne mortal a Sofía Loren, que me impresionó más que todo el Real Madrid junto, la verdad.

Todo esto viene a cuento —a la cuenta de mi memoria— porque ahora veo al antaño veloz campeón sometido a una silla de ruedas y a tristes enredos familiares. Por lo visto ha querido driblar hacia un amor crepuscular y el principio atroz de la realidad le ha pitado penalti. No conozco el asunto más que por la rumorología impresa, es decir que no lo conozco, pero mi fervor está con él, pase —ay— lo que pase. Y evoco aquellos versos memorables de la *Epístola moral* de Fernández de Andrada: «¡Oh muerte, ven callada, como sueles venir en la saeta!». Rubia o morena, tanto da.

Ligeramente grave

En uno de sus poemas —«Contribución a la estadística»— Wislawa Szymborska enumera cuántas de cada cien personas son las dispuestas a admirar sin envidia –dieciocho–, las capaces de ser felices –como mucho, veintitantas–, las que de la vida no quieren más que cosas –cuarenta, aunque quisiera equivocarse–, las inofensivas de una en una pero salvajes en grupo –más de la mitad seguro–, las dignas de compasión –noventa y nueve–, y acaba: «las mortales: cien de cien. Cifra que por ahora no sufre ningún cambio». Y sigue sin cambiar porque ayer la propia autora del poema acaba de confirmar la estadística con su fallecimiento.

En otros muchos aspectos, por el contrario, fue la excepción que desafía lo probable y rutinario. Su poesía es reflexiva sin engolamiento ni altisonancia, de forma ligera y fondo grave, directa al sentimiento pero sin chantaje emocional. Breve y precisa, escapa a ese adjetivo alarmante que tanto satisface a los partidarios de que importe el tamaño: torrencial. Sobre todo nos hace a menudo sonreír, sin incurrir en caricaturas ni ceder a la simpleza satírica. Lo más trágico de la poesía contemporánea no es lo atroz de la vida que deplora o celebra, sino la falta de sentido del humor de los poetas. Se les nota especialmente a los que quieren ser festivos y son sólo grotescos o lúgubres (aunque los entierros también son fiestas, claro, y más precisamente fiestas *de guardar*). De esta frecuente maldición escapa, risueña y agónica, Szymborska: ¿cómo podría uno renunciar a ella?

Hija –y luego, con los años, algo así como hada madrina poética– de un país europeo que apuró el siglo XX hasta las heces y padeció dos totalitarismos sucesivos, en su caso la duradera atrocidad jugó a favor de su carácter: le dio modestia, le dio recato, le dio perspicacia y le permitió distinguir entre lo que cuenta y lo que nos cuentan. Carece de retórica enfática, pero eso no disminuye su expresividad, sino que la hace más intensa por inesperada. Cuando comenzamos a leer uno de sus diáfanos poemas, nos ponemos a favor del viento, para recibir la emoción de cara, pero nos llega por la tangente y no para derribarnos sino para mantenernos en pie. Confirma nuestros temores sin pretender desalentarnos: sabe por experiencia que todo puede ser política, pero también nos hace experimentar que la política no lo es todo. Se mantiene fiel, aunque con ironía y hasta con sarcasmo, a la pretendida salvación por la palabra y sin embargo nunca pretende decir la última palabra: porque en ese definitivo miramiento estriba lo que nos salva. Nadie ha sabido conmemorar con menos romanticismo y con mayor eficacia el primer amor, cuya lección inolvidable se debe a no ser ya recordado... y, por tanto, a acostumbrarnos a la muerte.

Se dedicó a las palabras con delicadeza lúdica, jugando con ellas y contra ellas pero sin complacerse en hacerlas rechinar. Como todo buen poeta, fue especialmente consciente de su extrañeza y hasta detalló las tres más raras de todas, las que se niegan a sí mismas al afirmar: «Cuando pronuncio la palabra Futuro, la primera sílaba pertenece ya al pasado. / Cuando pronuncio la palabra Silencio, lo destruyo. / Cuando pronuncio la palabra Nada, creo algo que no cabe en ninguna no-existencia».

Venimos de Bradbury

El día que murió Ray Bradbury, aún hace pocas fechas, tuve dos revelaciones, una íntima y casi pudorosamente intransferible, la otra de alcance más general y quizá esclarecedor. La primera, que de todos los escritores contemporáneos, por ninguno —¡ni siquiera por Borges!— he tenido mayor cariño que por Bradbury. No hablo de un afecto personal, puesto que no le conocí, ni de mera admiración literaria: hablo de ese amor tan especial («el amor que no espera ser amado», dijo Borges refiriéndose a Spinoza) que conciben los lectores por quien mejor alimenta el afán de su pasión. Sobre todo, los lectores que nos sabemos destinados a escribir: es el amor, a veces quisquilloso pero siempre rendido, que profesamos al culpable de haber descerrajado nuestra vocación. Escribo porque soy yo, pero supe que debía escribir por culpa de Bradbury...

La segunda revelación (¡parezco una vidente de Fátima!) se debe a la coincidencia de su muerte con la concesión del premio Príncipe de Asturias a Philip Roth. He leído intermitentemente a Roth desde *El lamento de Portnoy* con el indudable provecho y la dosis de resignación con que intenté aprender aritmética cuando me tocaba. Es un buen novelista, qué le vamos a hacer. Habla del sexo y del envejecimiento con notable madurez psicológica, no menor que su competencia formal, de modo que cualquiera se atreve a desentenderse de él. Pero a su mundo literario me asomo sólo de visita, sabiendo que no pertenezco a él. Yo sé que vengo —perdonen este desbordamiento narcisista— de los marcianos agonizantes y frágiles de Bradbury, de sus chuchos que desentierran el hueso menos aconsejable, de sus niños asustados, de sus cazadores de dinosaurios y de quienes resisten contra viento y marea a los incendiarios de libros no porque vayan a acabar con la cultura sino porque pretenden abolir la imaginación.

Cada cual tiene su filiación, el atrevimiento está en confesarla: los hay que descienden de Philip Roth, suerte y prosperidad para ellos, pero otros venimos de Bradbury. En España, no cabe duda, estamos en clara minoría. El género de ficción marcado por él no es el preferido por la masa de nuestros autores o lectores y no digamos por la mayoría de los críticos, que ahí ni están ni se les espera. En muchos casos, a los escritores españoles les pasa con la literatura fantástica como a los ingleses con la cocina sofisticada: se comprueba que no han nacido para ella cuanto más entusiásticamente se dedican a practicarla. Siempre hacen costumbrismo ramploncete, adobado con muchos ángeles, sectas diabólicas o intrigas históricas de cartón piedra. Por supuesto hay excepciones, como algún cuento de Javier Marías y *Carlota Fainberg* de Muñoz Molina, su estupenda *nouvelle* de fantasmas, o las narraciones de estudiado terror clásico de José María Latorre. La mejor sin duda, para mí, es Pilar Pedraza, maestra en el manejo de lo que Freud llamó *unheimlich* y los anglosajones denominan *uncanny*, que en español sería «lo desasosegante» o algo así. Nada de lo que ha escrito es desdeñable y ahora acaba de aparecer su última novela: *Lucifer Circus* (Ed. Valdemar).

Pero... ¡cómo comparar al quizá entrañable aunque algo pueril Ray Bradbury con todo un Philip Roth, autor adulto y hasta adúltero a quien al menor descuido darán el premio Nobel! En cierta ocasión, un crítico tarugo, algunos lo son, le propuso a Picasso el ejemplo de tal o cual pintor figurativo encomiando su realismo. Picasso se defendió: «Sí, esa pintura es realista pero no es *real*». Los que venimos de Bradbury sabemos que en literatura suele pasar tres cuartos de lo mismo.

Son de lo que no hay

Cierto amigo, ya fallecido, cuando íbamos a un restaurante sin pretensiones –benditos sean– y alguien lo recomendaba diciendo «aquí comeremos como en casa», siempre protestaba: «¡ah, no, yo lo que quiero es comer bien!». En efecto, la dieta cotidiana precisamente por serlo puede no resultar la más apetecible. De igual modo, la vida a la que nos resignamos cada jornada, lo real empeñado en parecerse minuciosa y fatalmente a lo real, tampoco tiene por qué apasionarnos siempre como argumento literario. Es más, la descripción minuciosa y esforzadamente fiel de la realidad es insuficiente para comprender la realidad misma. Ocurre que lo auténticamente significativo nunca sucede *fuera* de nosotros, en el escenario fotográfico y pedestre, sino *dentro*, que es territorio fantasmagórico. Acudimos a lo fantástico no para huir de la realidad –objetivo tan digno como imposible–, sino para ponerla mejor a nuestro alcance o, como diría el lobo a la realista Caperucita, «para entenderla mejor». No debemos olvidar que Borges catalogó la teología y digamos que por extensión también la filosofía misma como pertenecientes a la literatura fantástica. En la misma línea, Paul Valéry –un poeta racionalista donde los haya– escribió en su *Pequeña carta sobre los mitos*: «¿Qué sería de nosotros sin el auxilio de lo que no existe? Poca cosa, y nuestros espíritus desocupados languidecerían si las fábulas, los malentendidos, las abstracciones, las creencias y los monstruos, las hipótesis y los pretendidos problemas de la metafísica no poblasen de imágenes sin objeto nuestras profundidades y nuestras tinieblas naturales».

Desde luego es cuestión de carácter, como casi todo en lo que respecta a gustos literarios. Entre quienes admiten el placer de la ficción, que ya es fantástico de por sí, los hay que sólo son realmente capaces de disfrutarlo si refleja con esforzado parecido el orden desordenado con el que suelen convivir: la vecina del tercero izquierda, esposa insatisfecha que busca consolarse con el hijo del portero, quien a su vez padece maltrato laboral en una empresa dirigida por un capitalista beneficiado por la guerra civil, que a su vez… Todo muy interesante para quien se interese por ello. Pero existen caracteres diferentes, reacios a la función del espejo o nostálgicos de atravesarlo para ver qué hay al otro lado, que nos identificamos con lo que dijo de sí mismo el gran Herbert George Wells: «Quizá soy persona de excepcional condición. No sé hasta qué punto experimentan otros hombres lo que yo. A veces padezco extraños alejamientos de mí mismo y de lo que me rodea. Me parece que observo lo exterior desde parajes muy remotos, fuera del tiempo, del espacio, de la vida y de la tragedia de las cosas». Para esos paladares está hecha la literatura fantástica, aunque a través de ella volvamos siempre a recaer en la vida y la tragedia (o comedia) de las cosas.

Basada en la maravilla o el estremecimiento sobrecogedor, los tiempos no son propicios al género a pesar de la sobreabundancia casi industrial de artefactos literarios que pretenden pertenecer a él. Cuando cualquiera de nosotros, por ramplona que sea su imaginación, lleva ahora en el bolsillo un objeto prodigioso del tamaño de un paquete de cigarrillos que permite comunicarse con cualquier parte del mundo, enviar sonidos e imágenes, tomar fotografías, ver películas o acontecimientos deportivos, consultar archivos y bibliotecas, orientarse en ciudades desconocidas, recibir noticias, solicitar ayuda si se está en peligro, buscar novia o jugar al póquer, además de mil cosas más, creer en la magia se ha vuelto difícil por saturación. Nos hemos familiarizado con lo milagroso, cuya esencia consiste precisamente en romper con lo explicable y familiar. Las profecías innovadoras de Jules Verne o el propio H. G. Wells no nos transportan ya imaginativamente hacia el futuro sino que ahora tienen el encanto nostálgico de aquellos tiempos en que lo supuestamente imposible era todavía imposible de verdad y no una rama de las ofertas otoño/invierno de los grandes almacenes. Tal como decía el viejo chiste que le habría ocurrido de haber vivido en España o México, Franz Kafka se ha vuelto ya en todas partes un escritor costumbrista. Sin embargo, el encanto literario de lo fantástico sobrevive a su cumplimiento tecnológico: aunque hoy ya el submarino sea un vehículo tan prosaico como el autobús, el *Nautilus* sigue siendo el libertario enigma de los mares…

Para los aficionados al género que no nos resignamos a la manufactura idiotizadora de subproductos con elfos, dragones, conspiraciones de sectas que aspiran a dominar el mundo (¡vaya cosa!), etc., están nuestras editoriales de referencia. Por ejemplo Valdemar, en cuyas colecciones se encuentran en ediciones excelentes los mejores clásicos de nuestra afición. La última joya que han publicado es *Noctuario* del sombrío y espléndido Thomas Ligotti, algunos de cuyos relatos podría haberlos firmado un Edgar A. Poe redivivo sin enrojecer. O La Biblioteca del Laberinto, animada por el indomable Paco Arellano, gracias a la cual vamos conociendo todo lo escrito por ese narrador puro que fue Robert E. Howard, pero cuyo catálogo entero es puro tocino literario de cielo borrascoso: Edmond Hamilton, Henry Kuttner, Edgar Rice Burroughs, etc. Y además publica *Delirio*, la mejor y más erudita revista de ciencia ficción y fantasía de nuestro país que ya va, lo crean o no, por su entrega número 11. También contamos con la editorial Alamut, que entre otras obras más recientes de ficción científica nos ofrece lo indispensable de Arthur C. Clarke, de Isaac Asimov o de Orson Scott Card. Claro que hay que permanecer alertas, porque a veces una editorial no identificada con el género nos brinda algo que no debemos perdernos: por ejemplo, Anagrama acaba de publicar *Wild Thing* de Josh Bazell, una divertida sátira con monstruo del lago pero también con sexo, narcotráfico y mil sobresaltos humorísticos más.

Por lo general, la literatura española suele acostarse más del lado del realismo que del rincón fantástico y eso se nota sobre todo cuando los autores de recursos más modestos se empeñan en fabricar thrillers esotéricos y pseudohistóricos al modo de las sagas más vendidas del mundo anglosajón. Pero eso no quiere decir que carezcamos de buenos ejemplos también en el terreno de lo imaginario, empezando por las «Leyendas» de Gustavo Adolfo Bécquer. En su ilustre traza, ciertos autores reputados en otros campos han hecho excelentes incursiones en lo fantástico, como Ana María Matute con su *Olvidado Rey Gudú*, que haríamos mal en olvidar, José María Merino o Javier Marías (quien no sólo ha escrito buenos cuentos de fantasmas sino que es un excelente *connaisseur* de ese mundo, el otro mundo).

También Juan Benet ha firmado narraciones espectrales de gran originalidad, y Vicente Molina Foix ha acuñado leyendas urbanas intensas e irónicas, lo mismo que Antonio Muñoz Molina, quien es autor de una de las novelas de fantasmas (o novela breve «con» fantasma) mejores que conozco: *Carlota Fainberg*.

Pero sobre todo hay escritores que se han especializado con bravura en los géneros de la fantasía, como la estupenda Pilar Pedraza, delicada, morbosa, inventiva y cruel, o José María Latorre, fiel al estilo clásico de los relatos terroríficos. En los dominios de la ciencia ficción, el gran veterano español del género es Gabriel Bermúdez Castillo, del que La Biblioteca del Laberinto ha publicado la *space-opera Espíritus de Marte* y los cuentos reunidos en *El mundo de Hókum*. También tiene ya una larga trayectoria César Mallorquí, cuya última novela –*La isla de Bowen*, premio Edebé de Literatura Juvenil 2012– reúne el encanto algo antañón del relato tradicional de aventuras con un argumento de alcance extraterrestre. Aunque varía de un género a otro con versatilidad casi estresante, siempre he seguido con interés al intensamente imaginativo León Arsenal (¡qué buen seudónimo!) desde que en 2004 formé parte del jurado que le concedió el premio Minotauro por *Máscaras de matar*. Una declaración de fe: estoy seguro de que hay muchos más, jóvenes y nuevos, que yo no conozco a causa de ser más dado a releer que a leer, por la culpa combinada del hedonismo que no se arriesga y la vejez que tampoco. Pero ahora lo confieso, como don Quijote en la playa fatal bajo la lanza del conjurado, «porque no es bien que mi flaqueza defraude esta verdad».

Cuando estaba escribiendo estas líneas, murió Ray Harryhausen, el mago paciente e ingenuo de los únicos efectos especiales cinematográficos que jamás olvidaré. Sobrevivió sólo poco más de un año a Ray Bradbury, su compañero de instituto y amigo de toda la vida. A ambos les debo tantos momentos felices que renuncio a decirlo con palabras. En una entrevista al alimón, Harryhausen hablaba de su adolescencia con el otro Ray, rememoraba la fecha lejana en que se conocieron y empezaron a compartir gustos –dinosaurios, platillos volantes…– y concluía: «Desde entonces, hemos crecido juntos». Bradbury le corrigió: «No, nos hemos criado juntos pero no hemos crecido». Soy uno de los muchos que hoy les recuerdan a ambos con gratitud, porque nos hemos criado con ellos pero afortunadamente –¡Dios no lo permita!– sin crecer jamás.

El compromiso con la verdad*

En memoria de Jorge Semprún.

George Orwell quiso ser «un escritor político, dando el mismo peso a cada una de estas dos palabras». El placer de causar placer, es decir la vocación de escribir, no anularía en él el interés político: la defensa de la justicia y la libertad. Pero aún menos se doblegaría a la manipulación política de la escritura: «El lenguaje político –y con variaciones esto es verdad en todos los partidos políticos, de los conservadores

* Este artículo obtuvo el premio Mariano de Cavia 2012.

a los anarquistas– está diseñado para hacer que las mentiras suenen verdaderas y el asesinato parezca respetable, y para dar apariencia de solidez a lo que es puro viento». Luchar contra la tergiversación y la máscara es la primera tarea del escritor político. Su credo empieza por el mandamiento que prohíbe mentir, aun antes del que prohíbe matar.

Por supuesto, la ficción no es una mentira –siempre que se presente sin ambigüedades como tal– sino otra vía de aproximación a la verdad amordazada: pero en cambio la oscuridad del estilo, apreciada por los estetas y por las mentes confusas que elogian en cuanto no entienden, ya es un comienzo de engaño. La precisión y la inteligibilidad tienen un componente técnico (que Orwell analiza en *La política y el lenguaje inglés*) pero sobre todo son una decisión moral: «La gran enemiga del lenguaje claro es la insinceridad». También hace falta tener un ánimo poco sobrecogido, que no retroceda ante los anatemas de los guardianes de la ortodoxia ni ante la desaprobación hostil de los voceros de la heterodoxia: «Para escribir en un lenguaje claro y vigoroso hay que pensar sin miedo, y si se piensa sin miedo no se puede ser políticamente ortodoxo». Por supuesto, eso lleva a enfrentarse tanto con los partidarios a ultranza de lo establecido como con los ordenancistas de la subversión. Desde el frustrado viaje a Siracusa de Platón, la peor dolencia gremial de los intelectuales es no considerar poder legítimo más que el que parece instaurar las ideas que ellos comparten. Los demás son advenedizos o usurpadores. De aquí una gran dificultad para hacer digerir la democracia a quienes debieran argumentar en su defensa.

George Orwell (como Chesterton, como cualquiera que no asume la mentalidad reptiliana del «amigo-enemigo» en el plano social) aceptó la paradoja y se autodenominó «anarquista conservador» o si se prefiere la versión de Jean-Claude Michéa, «anarquista *tory*». Esto implica saber que «en todas las sociedades, la gente común debe vivir en cierto grado *contra* el orden existente». Pero también que las personas normales no aspiran al Reino de los Cielos ni a la perfección semejante a él sobre la tierra, sino a mejorar su condición de forma gradual y eficiente. Existe en la mayoría de las personas —y ésta es quizá la única concesión de Orwell a la peligrosa tentación de la utopía— una forma de *common decency*, una decencia común y corriente que consiste, según la glosa de Bruce Bégout, «en la facultad instintiva de percibir el bien y el mal, frente a cualquier forma de deducción trascendental a partir de un principio». Es lo que hace que, más allá de izquierdas y derechas, existan buenas personas en los dos campos o a caballo entre ambos. En cuanto prevalecen, el mundo mejora. Por cierto, siguiendo esta vena de benevolencia utopista, Orwell descubrió cuando estuvo en Cataluña durante la guerra civil que los españoles tenemos una dosis de decencia innata, tonificada por un anarquismo omnipresente, más alta de lo normal y gracias a la cual nos salvaremos de los peores males...

Es bien sabido que Orwell combatió el totalitarismo, tanto nazi como bolchevique, pero su compromiso político no fue meramente negativo ni maximalista. Por supuesto, apoyaba la democracia pese a sus imperfecciones y se revolvía contra quienes decían que era «más o menos lo mismo» o «igual de mala» que los regímenes totalitarios: según él, una estupidez tan grande como decir que tener sólo media barra de pan es lo mismo que no tener nada que comer. Consideraba que el capitalismo liberal en la forma que él conoció era insostenible, además de injusto, por lo que siempre apoyó el socialismo, cuyo proyecto constituía a sus ojos la combinación de la justicia con la libertad. Y ello pese a que quienes se autoproclaman socialistas no sean siempre precisamente dechados de virtud política: «Rechazar el socialismo porque muchos socialistas son individualmente lamentables sería tan absurdo como negarse a viajar en un tren cuando a uno le cae mal el revisor». Pensaba que la mayoría de las escuelas privadas de Inglaterra merecían ser suprimidas, porque sólo eran negocios rentables «gracias a la extendida idea de que hay algo malo en ser educados por la autoridad pública». Se oponía a los nacionalismos en cuanto tienen de beligerante, disgregador y ficticio (para cualquier extranjero, por ejemplo, un inglés es indiscernible de un escocés... ¡y hasta de un irlandés!) y defendía el patriotismo democrático, reclamando que se uniera de nuevo a la inteligencia que hoy le volvía la espalda. Se escandalizaba porque «Inglaterra fuese quizá el único gran país cuyos intelectuales están avergonzados de su propia nacionalidad». Algo le podríamos contar hoy de lo que ocurre en otros lugares.

Orwell eligió lo más difícil: no escribió para su clientela y contra los adversarios, sino contra las certidumbres indebidas de su propia clientela política. No tuvo complejos ante la realidad, sino que aspiró a hacer más compleja nuestra consideración de lo real. Es algo que la pereza maniquea nunca perdona: siempre proclama que se siente «decepcionada» por el maestro que prefiere moverse con la verdad en vez de permanecer cómodamente repantingado en el calor de establo de las certidumbres ortodoxas e inamovibles. Esa

En Cortina d'Ampezzo, con las orejas tapadas como uno de los tres monos de la fábula.

decepción proclamada por los rígidos le parecía a Orwell indicación fiable de estar en el buen camino: «En un escritor de hoy puede ser mala señal no estar bajo sospecha por tendencias reaccionarias, así como hace veinte años era mala señal no estar bajo sospecha por simpatías comunistas». Esta toma de postura atrajo sobre él no sólo los malentendidos, quizá inevitables, sino también la calumnia. Estalinistas de esos que han olvidado que lo son le acusaron (a final de los años noventa del pasado siglo) de haber facilitado una lista de intelectuales comunistas a los servicios secretos ingleses. La realidad, nada tenebrosa, es que a título privado ayudó a una amiga que trabajaba en el Ministerio de Asuntos Exteriores buscando intelectuales capaces de contrarrestar la propaganda comunista en la guerra fría, señalándole a quienes por ser sectarios o imbéciles le parecían inadecuados para la tarea. Los mismos que se pasan la vida denunciando agentes al servicio de la CIA o fascistas encubiertos no se lo perdonaron ni se lo perdonan. Yo mismo tuve que defenderle no hace muchos años de esa calumnia en las páginas de este diario.

La actividad literaria de Orwell fue muy variada: novelista, desde luego, pero también perspicaz crítico literario, analista político y social, así como cronista de la guerra civil española y de la vida cotidiana de trabajadores y marginados en la Europa de la primera mitad del siglo XX. Incluso puede considerársele sin exageración pionero de lo que luego se llamó «nuevo periodismo», con crónicas ensayísticas tan inolvidables como *Matar a un elefante*, evocación de su estancia en la India. Sin embargo, al valorar la actualidad de su obra, conviene no olvidar que estuvo muy apegada a la circunstancia histórica que vivió. Sus dos relatos de ficción más logrados, *1984* y *Rebelión en la granja*, se han convertido por mérito propio en mitos perdurablemente sugestivos de las amenazas de esclavitud espiritual y material que caracterizaron el lado siniestro de la pasada centuria. Como otros mitos, se han salido de lo literario para llegar a ser arquetipos que se acomodan a nuevas salsas políticas y más recientes inquietudes. Pero lo cierto es que ya hemos rebasado en más de un cuarto de siglo la fecha en la que Orwell situó su distópico futuro. Y su estupendo ensayo *El león y el unicornio* revela desde la primera frase el momento en que fue concebido: «Mientras escribo, seres humanos altamente civilizados vuelan sobre mi cabeza, tratando de matarme». De modo que no se le pueden pedir análisis sobre nuestros problemas actuales ni menos soluciones pertinentes a ellos. Lo que sigue vigente de Orwell es sobre todo su *actitud* de apego a la verdad, conciencia de lo colectivo y carencia de *pose* estetizante. No hay autor más alejado de la posmodernidad que él.

Frente a quienes le han denostado, otros tratan de beatificarle, lo que sin duda también habría rechazado. A propósito de Gandhi (a quien admiraba y detestaba a partes iguales) escribió: «A todos los santos deberíamos juzgarles culpables hasta que demuestren su inocencia». Por su parte, él tuvo la inocencia más limpia y menos discutible, la del coraje. Aunque conoció los horrores de la guerra, nunca fue pacifista (el pacifismo le parecía una curiosidad psicológica, no un movimiento político) y hubiera preferido la muerte en combate a ese otro destino sobrevalorado, la muerte llamada natural «que significa, casi por definición, algo lento, nauseabundo y atroz». George Orwell murió de tuberculosis en 1950, a los cuarenta y siete años.

Admiradores

Se ha dicho que la admiración es el agradecimiento de la inteligencia, aunque los antiguos –de Aristóteles a Marco Aurelio– solían desaconsejarla con desdén. Las almas grandes, según ellos, no conocen el pasmo ante simples semejantes. Carlyle en cambio consideraba señal de estrechez humana la reticencia a admirar y Aurelio Arteta ha escrito un razonado estudio sobre la admiración que deviene en elogio.

A mi juicio, la admiración sincera proviene de lo que en nosotros mismos hay de más admirable. Sin embargo, esta valoración positiva se refiere a la que nosotros profesamos: ser admirado, en cambio, es cosa bastante más peligrosa y no digamos buscar la admiración, que puede resultar hasta rastrero.

Para el escritor o el artista, la gran amenaza no son quienes le aborrecen, que pueden resultar estimulantes o por lo menos divertidos, sino los que dicen adorarle. Afectan la debilidad esencial de nuestro ánimo, siempre inseguro y ávido de refuerzos. Aunque estemos convencidos de que quien nos elogia es poco de fiar intelectual o moralmente, basta el primer encomio para que reconsideremos nuestra opinión sobre él y empecemos a encontrarle disculpas y cierta prestancia. Aunque lo bueno es gustar de vivir, a menudo confundimos eso con vivir de gustar, que es algo bastante más menesteroso y deleznable.

Claro que tampoco en este asunto hay que pasarse de puritanos: nadie es responsable de sus admiradores, siempre que no les halague a sabiendas para ganarse su ovación. Incluso puede haber admiradores que tengan la honradez de preferir que se les trate como adultos y se les lleve la contraria. Otros en cambio son mucho más condicionales y de su admiración nos enteramos por lo general cuando nos notifican que, ay, la hemos perdido: «Con lo que yo le admiraba a usted, pero me ha decepcionado cuando escribió tal cosa o hizo tal otra». Este tipo de declaraciones animan y hacen sentir vivo porque demuestran que no nos hemos convertido en estatua: seguimos caminando, tropezando y cayendo pero en marcha, mientras que el decepcionado se queda refunfuñando junto al monumento del pasado, mirando a las palomas irreverentes que le cagan en el sombrero emplumado. Ésa es la diferencia entre el orgullo, que se exige y valora a sí mismo a pesar del criterio de la mayoría, y la vanidad, que sólo come de la mano ajena.

Lo que en el fondo uno quisiera de verdad es encontrar un pecho fraterno para morir abrazado, como en el tango, aunque sabemos que es muy raro que ese galardón se consiga por medio de un libro, un cuadro o una película. Sólo a unos pocos se les puede pedir adhesión inquebrantable (es decir, tan consciente de nuestros defectos seguros como de nuestras virtudes dudosas) y a esos *happy few* no se les suele conquistar por vía de la estética sino utilizando trucos más sofisticados, como el amor y cosas así. Por lo demás es bueno acostumbrarse a la intemperie, que según el clásico también es una forma de arquitectura.

Los quisquillosos más despiadados no descartan de antemano a los admiradores ni prescinden de ellos, pero los ponen a prueba: no quieren compartir aprecio con los que a su juicio no lo merecen. Hay que tener un carácter muy fiero para llegar a tanto. Según cuenta en su autobiografía Elias Canetti, Robert Musil tenía una de esas susceptibilidades intransigentes. Cuando alguien se le allegaba para declarar entusiasmo por su obra, lo primero que hacía era preguntarle: «Bueno, ¿y a quién más admira usted?». Sometió a esta ordalía al joven Canetti, que optó por responder disparando hacia lo más alto: «A Thomas Mann». A partir de ese momento, Robert Musil no volvió a dirigirle la palabra.

Un momento de relax con mi amigo Eliseo Álvarez en la soberbia biblioteca de la Escuela Normal Superior de París.

SEGUNDA PARTE

La dificultad de educar

El poeta polivalente

En sus *Pensamientos sobre la educación* (1693), una de las primeras reflexiones sobre el tema de la época moderna, John Locke advierte a los padres contra la tentación de fomentar en sus hijos la vocación poética o ni siquiera permitirla, si se presenta espontáneamente: «Me parece por el contrario que los padres deberían poner el mayor celo en ahogar y reprimir esa disposición poética tanto como pudiesen; y no veo por qué un padre habría de desear convertir a su hijo en poeta, a riesgo de inspirarle repugnancia por las ocupaciones y los asuntos de la vida». Dedicarse a los versos y las ensoñaciones que en ellos desembocan es convertirse en un inútil ante los serios trabajos y rentables desafíos que nos plantea la vida práctica: aún más —señala luego el filósofo empirista—, lo más probable es que nos lleve a frecuentar ciertas compañías más bien desastradas e impropias de un verdadero *gentleman*. Ante el peligro de caer en la sima poética, John Locke arrumbaba la tolerancia que sin embargo recomendó en cuestiones religiosas.

Desde luego, Octavio Paz no siguió las excesivamente prudentes recomendaciones del pensador inglés. Pero también logró probar con toda su obra que en efecto esa afectación de prudencia era superflua. Porque Paz fue poeta, sin lugar a dudas, y aún para mayor precisión la tan temida «disposición poética» se hace evidente en todos los rincones de su obra y yo me atrevería a decir que también de su vida. Sin embargo, demostró que Locke se equivocaba al no ser en este aspecto tan tolerante como en otros: y es que el poeta no se desinteresó de los asuntos de la práctica cotidiana ni sintió repugnancia por las ocupaciones que nos impone. Al contrario, su fervor poético le acercó al bullir colectivo de la existencia que compartimos en lugar de alejarle de ella. Puede decirse que la disposición poética de Paz fue cívica pero también civilizadora: se ocupó de los temas simbólicos que subyacen en la convivencia humana, de las pasiones que hay que conciliar y de los mitos que a través del tiempo ahorman las conciencias, pero no limitándose a una sola perspectiva ni a una tradición única: su curiosidad indagadora y su luminosa inspiración partió de la entraña mestiza de México para luego recorrer las raíces de la «tradición de lo nuevo» europea y proyectarse a continuación siempre hacia Oriente a través de India, China o Japón. Es indudable que frecuentó compañías bohemias y pluriculturales que hubieran alarmado a más de un *gentleman*, pero es que en el mundo hay cosas más importantes que gozar de esa consideración tan respetable.

Paz fue siempre poeta, pero un poeta capaz de aplicarse a la antropología, a la observación social, a las exigencias y contradicciones de la política, a los imprescindibles desvaríos de la urgencia erótica. Tuvo la generosidad inacabable de los espíritus amplios, que se vuelcan a cada paso sin vaciarse jamás. No sólo llevó con bien empeños propios multiformes, sino que capitaneó empresas de creación colectiva que marcaron un rumbo fecundo del que nos seguimos beneficiando a uno y otro lado del Atlántico. John Locke temió que los sueños poéticos desviasen la educación de sus propósitos más útiles y por eso los proscribió de su escuela ideal; pero Octavio Paz fue un educador de estilo más hondo y más ancho, porque empleó esos sueños como una vía para desvelar y no para adormecer, para hacer nuestra realidad más clara y no más borrosa. Después de todo, ya otro gran poeta de múltiples dones nos advirtió que tales ensoñaciones son precisamente la urdimbre de la que los humanos estamos hechos.

Para qué educamos

Recientemente se ha propuesto retirar las subvenciones a los centros concertados que practiquen la separación por sexos en las aulas. Por supuesto, los posibles afectados y los partidarios de esta segregación han puesto el grito en el cielo. Muchos han argumentado que es algo que se hace en varios países —aunque dudo que con dinero público— y que en particular ha aumentado notablemente en Estados Unidos bajo la administración de Obama. No faltan cosas a imitar en las escuelas americanas —la exclusión de cualquier adoctrinamiento religioso del currículo, por ejemplo—, pero otras no lo son tanto. El siguiente argumento utilizado es que los resultados académicos de la enseñanza segregada son mejores que los de la escuela mixta. Por último, cómo no, se clama que la medida propuesta sería un nuevo atentado a la libre elección de los padres del modelo educativo para sus hijos.

El argumento de los buenos resultados es el que merece más atención, porque atañe a lo que la educación se propone a fin de cuentas. Naturalmente, deseamos que los alumnos españoles sean competentes en matemáticas, física, literatura o historia (lo que según los sucesivos informes PISA no sucede de modo satisfactorio). Es decir, queremos que estén bien instruidos, pero la instrucción no es toda la educación sino sólo una parte importante de ella. Es posible —aunque desde luego no seguro— que la instrucción en ciertas materias mejore en aulas de alumnos segregados por sexos: quizá también si se separa a los nativos del país de los inmigrantes, si se aparta a los que necesitan algún tipo de ayuda especial por padecer minusvalías o se organizan las clases de acuerdo con las distintas etnias de los alumnos. Pero lo relevante es si estas instructivas segregaciones mejoran la educación como tal. Y no es así.

El objetivo final de la educación es desarrollar la disposición a reconocer y respetar la semejanza esencial de los humanos más allá de nuestras diferencias de sexos, etnias o determinaciones naturales. Insisto: no a celebrar y perpetuar lo que nos distingue, como creen los bobos bienintencionados, sino a comprender que compartimos algo más profundo e importante que lo que nos hace diversos. Para ello, el aula escolar debe parecerse lo más posible a la sociedad en la que debemos convivir juntos los diferentes sexos, etnias, creencias tradicionales, capacidades psíquicas o físicas, etc. Puesto que vamos juntos a ser ciudadanos, debemos formarnos y prepararnos también juntos para ese destino común. En determinados casos habrá que disponer refuerzos educativos especiales para algunos, pero nunca para separarlos de los demás en nombre de la eficacia sino para permitirles incorporarse más eficazmente en el conjunto donde poder sentirse básicamente iguales más allá de accidentales diferencias. Ni siquiera mejorías parciales en aspectos puntuales de la instrucción podrían justificar segregaciones que atentan contra el objetivo fundamental de la educación misma.

¿Y la libertad de los padres para elegir la educación que desean para sus hijos? Pues debe respetarse siempre que no vaya contra el núcleo educativo esencial. La educación es una necesidad social y democrática, no un proyecto meramente familiar. Y eso es lo que deben financiar los fondos públicos y la escuela de todos.

Adoctrinamiento y catequesis

En los programas de las carreras hípicas, cuando un caballo ha tenido últimamente buenas actuaciones junto a otras decepcionantes suelen valorarse sus probabilidades futuras diciendo «señales mixtas». Recién aterrizado en el megaministerio de Educación, Cultura y Deporte (¿se agranda el ministerio o se achican las áreas agrupadas?), el ministro Wert ha dado señales mixtas, al menos a mi juicio. Esperanzadora su firme actitud ante la piratería digital y su aceptación sin patrioterismos del problema del dopaje, razonable su modificación del último curso de la ESO, embarulladas y alarmantes sus decisiones respecto a los temarios de las oposiciones a maestro o la política de becas. En fin, ya veremos. Pero el peor síntoma ha sido la ¿supresión?, ¿transformación?... en fin, la manipulación de la asignatura de Educación para la Ciudadanía. Y sobre todo los argumentos que ha dado para semejante cambio.

Cuando en una entrevista radiofónica se le preguntó sobre ese asunto, declaró que el programa vigente de la asignatura incurría en un indebido adoctrinamiento ideológico. Y como prueba aportó algunos párrafos declamatorios de un supuesto manual de la materia. Conozco ese engendro y tengo cierta ternura por él (me declara enemigo de la humanidad por no sé qué desviación ideológica aunque, eso sí, en la honrosa compañía de Jürgen Habermas), pero no es un manual de la asignatura. Y aunque lo fuese, ¿qué culpa tendría el programa de Educación para la Ciudadanía de ser tan mal servido? Todas las disciplinas de bachillerato padecen breviarios abracadabrantes: en filosofía, que es lo que conozco un poco mejor, los hay de echar a correr. ¿Habrá que suprimir también toda la filosofía del bachillerato, puesto que en su nombre se perpetran manuales nefastos?

Si realmente hay algo que le parece rechazable en el programa de Educación para la Ciudadanía, el ministro debería haberlo señalado en lugar de acudir al texto de unos particulares que en modo alguno representan lo que pretende el diseño de esa materia. Hace tiempo propuse que el Ministerio de Educación debería poder otorgar algún tipo de sello de calidad (algo así como un *nihil obstat* laico) a los textos académicos bien adecuados a las materias de estudio, como indicación a los centros de lo que mejor responde a las exigencias académicas. Sin prohibir nada, recomendar algo. De este modo podrían evitarse ciertos malentendidos en los temas más discutibles, como es el caso que nos ocupa. Por lo menos entre la gente sin prejuicios y de buena voluntad.

Pero vamos un poco más allá. Por lo visto, el pecado de la asignatura fulminada es el adoctrinamiento, que ofende la libertad ideológica de los padres (no de los alumnos, claro, a los que precisamente se educa para que lleguen a ser racionalmente libres). Ahora bien: ¿es malo de por sí todo «adoctrinamiento»? ¿Es siguiera evitable, cuando se intentan explicar valores y fomentar ciertos comportamientos como más cívicos que otros? En cuanto individuos privados, los padres que le tocan en suerte al educando pueden ser racistas, enemigos de la igualdad entre los sexos, partidarios de prohibir como delitos todo lo que su iglesia considera pecado, favorables a la lucha armada contra el Estado con fines revolucionarios, creyentes en la necesidad de abolir la propiedad privada de los medios de producción o la libertad de prensa, etc. Pero la educación pública no puede respetar por igual todas estas actitudes, sino que debe exponer y argumentar a los escolares la alternativa constitucional de la democracia vigente a todas ellas. No puede solamente limitarse a repetirles los artículos de la Constitución o el funcionamiento de las instituciones: tiene que justificar crítica e históricamente los principios en que se fundan y por qué son preferibles a dogmas opuestos.

Benjamin R. Barber, uno de los más destacados teóricos del reforzamiento de la democracia, opina que «sin educación cívica, la decisión democrática es poco más que la expresión de prejuicios privados». De modo que la democracia tiene que sostener educativamente ciertas doctrinas aunque sólo sea en defensa propia. Por supuesto, el pluralismo de perspectivas y el debate dentro del marco común de convivencia son una de esas doctrinas esenciales. Pero no es lo mismo tener un espíritu amplio que un espíritu vacío. Lo que en cambio no cabe —es decir, no debería caber— en la educación pública es la catequesis en dogmas religiosos (o ideológicos planteados como artículo de fe y no de razón). Las convicciones religiosas son un derecho de cada cual, pero no una obligación de nadie ni aún menos el único fundamento de los valores que todos debemos asumir. Hay otros lugares más adecuados que la escuela para impartirlos a quien desee aprenderlos. Desdichadamente, la oposición cerril a la asignatura de Educación para la Ciudadanía no viene realmente de los que recelan del adoctrinamiento sino de los partidarios de volver al catecismo. Y es una muy mala noticia que el recién llegado ministro de Educación esté dispuesto (o quizá se vea obligado) desde el primer día a darles gusto.

Non serviam!

Parece que la eficacia es ahora el único principio moral que nadie se atreve a discutir. Si debatimos sobre la pena de muerte o la tortura, por ejemplo, la argumentación de fondo suele centrarse en si «sirven o no sirven». Apelar a más elevados ideales es perder el tiempo. Una vez que logramos demostrar —acudiendo a estadísticas o cualquier otro testimonio supuestamente objetivo— que la una no disminuye la tasa de crímenes o que la otra no garantiza confesiones veraces, la ética está de nuestro lado. Si fracasamos en el empeño, los «realistas» tienen ganada la partida... y la buena conciencia les corresponde con su premio. Lo bueno, sin más, no sirve, pero lo que sirve es siempre bueno.

En el terreno educativo triunfa también la misma visión servicial del mundo. Hubo una película española, creo que protagonizada por Gracita Morales, que se llamaba *Las que tienen que servir*. Bueno, pues ahora los que tenemos que servir somos todos... y todo. Los estudios tienen que ser rentables laboralmente o se convierten en pérdidas de tiempo injustificables. La curiosidad intelectual o el afán de conocer no bastan para legitimar los años y los gastos invertidos en cualquier esfuerzo académico. En el fondo, ése es el verdadero problema de la universidad actual, bajo las pautas abierta o encubiertamente mercantilistas dictadas por Bolonia. Me parece la queja general que subyace en los testimonios recogidos en el muy interesante volumen *La universidad cercada* (Ed. Anagrama), compilado por Jesús Hernández, Álvaro Delgado-Gal y Xavier Pericay, en que colaboran figuras tan destacadas de nuestros centros superiores de enseñanza como Roberto Blanco Valdés, Francesc de Carreras, Carlos García Gual, Román Gubern, Jordi Llovet, Gabriel Tortella y otros de no menor fuste. El objetivo de los planes de estudio viene dictado hoy en gran medida por las exigencias de las empresas que pueden ofrecer colocación a los graduados. La investigación no directamente instrumental —es decir, «humanista» en el sentido amplio del término sea de ciencias o de letras— resulta algo anticuado o indebidamente aristocrático.

Algunos impenitentes agradecemos a Nuccio Ordine, excelente editor de las obras de Giordano Bruno entre otros méritos, su manifiesto *L'utilité de l'inutile* (Ed. Les Belles Lettres) en el que repasa las opiniones de filósofos y escritores sobre la importancia de seguir tutelando en escuelas y universidades ese afán de saber y de indagar sin objetivo inmediato práctico en el que tradicionalmente se ha basado la *dignitas hominis*. No sólo en Occidente, también en testimonios de Okakura Kakuzô o Chuang Tzu. Su alegato se completa con otro publicado en los años treinta por el científico norteamericano Abraham Flexner, que reivindica también para las ciencias llamadas «duras» la misma libertad inquisitiva que habitualmente parece reservada sólo al arte y los saberes filosóficos o literarios. Su lectura me recordó la respuesta de Niels Bohr al preguntarle para qué podía servir la nueva visión de la física que proponía: «¿Y para qué sirven los recién nacidos?».

Se nos quiere encerrar en una fórmula reductiva de lo práctico, ignorante de que existen tareas intelectuales sumamente provechosas aunque no sean rentables. Por ejemplo: si lo único que indudablemente tenemos los europeos en común es la gran literatura, frente a rivalidades históricas y desencuentros económicos, ¿no sería provechoso introducir un estudio serio y común de nuestros clásicos en todos los bachilleratos europeos? Se dirá que en estos tiempos de crisis no hay dinero para financiar ensoñaciones. Pero ¿no es la mentalidad mercantil y el apego a lo bursátil lo que nos ha empujado hasta la situación presente? ¿Es prudente sacrificar a esa tendencia la educación, en especial la universitaria, en vez de intentar trascenderla? En su ensayo de 1930 *Posibilidades económicas para nuestros nietos*, escribió John Maynard Keynes: «La avaricia es un vicio, la potenciación de la usura es una culpa, el amor por el dinero es despreciable (…). Volveremos a apreciar de nuevo los fines por encima de los medios y preferiremos lo bello a lo útil». ¡Ojalá el gran economista fuera profético también en este punto!

En el Parque Virgiliano de Nápoles, con el señor del lugar.

Blasfemias

Siento cierta unidad de destino en lo universal, como se decía en otros tiempos, con Salman Rushdie. Cuando vino hace décadas a España para presentar su primer libro, *Hijos de la medianoche*, editado por una incipiente Alfaguara, nuestro querido Jaime Salinas ofreció el acostumbrado cóctel en Torres Blancas y allí descubrí que prácticamente habíamos nacido el mismo día del mismo mes y año. Compartíamos desde la cuna un mismo astro desastrado, lo que más tarde nos deparó incomodidades semejantes en nuestro itinerario vital (el suyo mucho más glorioso pero también más amenazado que el mío, desde luego). Nos tocó padecer la inquina de brutos con armas y sin humor.

Por eso he leído con mayor interés que otras veces su último libro, *Joseph Anton* (Ed. Mondadori), en el que narra con bastante prolijidad su vida de perseguido por la supuesta *fatwa* de Jomeini. El título es el seudónimo que eligió para su semiclandestinidad, formado por los nombres de dos de sus autores favoritos, Conrad y Chéjov. Llamó «supuesta» a la *fatwa* porque por lo visto estrictamente no fue tal, según explica Sadik Jalal Al-Azm en el interesante ensayo que dedica al caso de *Los versos satánicos* en su libro *Ces interdits qui nous hantent* (Ed. Parenthèses). Este pensador sirio es un caso insólito en el mundo árabe, porque se declara ateo y ha escrito una *Crítica del pensamiento religioso*. En su texto sobre Rushdie da cuenta de algo poco conocido entre nosotros, los numerosos y arriesgados apoyos que la libertad de expresión del maldito encontró en destacados autores de países mayoritariamente islámicos. Y señala que el escándalo persecutorio es resultado de la globalización, cuando el anuncio de un supuesto agravio religioso recorre el mundo en cuestión de minutos.

Tras *Los versos satánicos* vinieron las caricaturas danesas de Mahoma y más recientemente la película satírica contra el profeta, nuevas caricaturas y por supuesto reacciones violentas. Como en el caso de Rushdie, no han faltado también hoy quienes culpaban a los «provocadores» de la persecución en su contra: en su día me hubiera gustado poder dejar de leer en represalia a tales apoyos de los inquisidores, como John Le Carré, pero ya había tomado esa precaución antes por causa del aburrimiento. Otros, en cambio, defienden estas obras ofensivas —aunque las consideren en ocasiones mediocres— en nombre de la libertad de expresión. No creo que sea el enfoque más adecuado. También la libertad de expresión tiene límites legales, a los que se puede apelar para repudiar ciertos abusos. Lo inaceptable es la *desproporción* del castigo que exigen los fanáticos para tales «blasfemias», la pena de muerte para ellos y sus compatriotas. También en los países occidentales se castiga el robo —por lo menos algunos…—, pero no cortando la mano o la cabeza a los ladrones. En cualquier caso, las democracias no pueden aceptar que «pecados» como la blasfemia se conviertan en delitos, como pretenden imponer los teócratas, ni mucho menos delitos capitales.

En el otro extremo, hay ciertas expresiones abusivas que no reciben más escarmiento que el repudio de las personas decentes, como en el caso del programa de TV3 en el que se tiraba al blanco contra el Rey y un periodista. Me recordó otro que vi en la misma cadena hace unos meses, en que un tipejo presentaba —con un niño como introductor— un juego de la oca basado en los «agravios» de España contra Cataluña y el modo de defenderse de ellos, ante una tertulia de autosatisfechos mangantes. Algo dice esa programación de cómo se ha llegado al «espontáneo» antiespañolismo de algunos catalanes. Por cierto, las bellas almas no dejan de repetirnos que cada ofensa al nacionalismo multiplica los independentistas; me pregunto si, en reciprocidad, ciertas muestras de antiespañolismo zafio hará que algunos reconsideren sus convicciones. Probablemente no: en el nacionalismo rige lo que Ferlosio llamó *la moral del pedo*, para la que sólo huelen mal los de los otros.

¡Te daba así!*

La más impresionante y modélica hazaña educativa que conozco empieza con un buen cachete dado en su preciso y precioso momento. La joven Ana Sullivan llega a casa de Helen Keller, ciega y sorda (en apariencia también muda a sus siete años), para afrontar una tarea imposible, la instrucción de la niña que en opinión de todos ni puede ni quiere comunicarse con los demás. En realidad, los padres de Helen no la contratan para que «eduque» a su hija —objetivo que consideran de todo punto inalcanzable—, sino para que se encargue de ella y la soporte, porque ellos ya no pueden aguantar más. El primer día de su nuevo trabajo comienza como una pesadilla para Ana Sullivan. A la hora del almuer-

* Este artículo obtuvo el premio Julio Camba.

zo familiar, Helen se niega a sentarse a la mesa, tira la servilleta, arroja la comida por el suelo y hostiliza de todas las maneras imaginables a la nueva institutriz. Los padres ruegan a Ana comprensión y tolerancia, resignación, ¡la pobre niña sufre tanto con sus limitaciones! Hay que dejarla a su aire. Si la señorita Sullivan hubiera sido una mujer acomodaticia, una simple empleada consciente de lo que se esperaba de ella y dispuesta a cumplir su parte del contrato, a cobrar y no meterse en líos, Helen no se hubiera sentado a la mesa ese día y hubiera muerto salvaje, incluso retrasada mental como la suponían sus amorosos deudos. Pero Ana Sullivan era esa cosa heroica e insobornable, realmente inesperada: una auténtica maestra. De modo que ante el horror de los políticamente correctos padres, le soltó a la minusválida un fenomenal bofetón. Y Helen se sentó a la mesa, malcomió entre gruñidos y comenzó el arduo camino de su educación que la llevó muchos años después a poseer una envidiable cultura y a escribir un libro en el que agradecía aquel cachete valeroso de su maestra como el golpe de gracia que le salvó intelectualmente la vida.

Quede claro: no hay que maltratar a los niños ni se debe recurrir habitualmente por frustración o histeria —cuando no por sadismo— a los castigos corporales contra ellos. En circunstancias favorables (no digo «normales», porque lo realmente favorable rara vez es normal), los encargados de su buena crianza pueden enseñarles las pautas de convivencia a base de la persuasión y del ejemplo. Pero los educadores son humanos y precisamente esa humanidad es lo que deben transmitir a sus pupilos. Es importante que el niño conozca que hay límites que no se deben transgredir porque entonces puede perderse la relación amistosa incluso con quienes más nos quieren. Cuando uno se salta las luces rojas, tropieza con un cachete como quien va sin frenos y con los ojos vendados puede chocar contra un muro. También en el terreno educativo existe a su modo el *habeas corpus*: somos de carne y hueso, y detrás de nuestras normas, de las pautas de respeto y cortesía, de las leyes de la civilización, están los empellones y garrotazos, cuando no algo peor. Los niños pequeños están recibiendo el mundo de sus mayores, mientras la propia naturaleza (con sus golpetazos, chapuzones y quemaduras) les va enseñando que no todo gesto queda sencillamente impune. Como cantaba Georges Brassens con ocasión de una señora de trasero voluminoso que se lanzó a bailar con frenesí y acabó dolorosamente sentada sobre la pista: «La ley de la gravedad, *madame*, es dura pero es la ley». También detrás de las leyes humanas hay un topetazo físico que pretendemos evitar: el cachete puede ser en ocasiones un atisbo aleccionador que vacune contra futuras transgresiones que desembocarán en reconciliaciones más difíciles. Pasada la indignación rebelde del momento, cualquier niño sano puede comprender la diferencia entre unos padres exasperados hasta el límite de su paciencia (pero dispuestos inmediatamente a perdonar y acariciar) y otros predispuestos por incapacidad o vicio a la agresión. Precisamente porque sabe que sus mayores no son propensos a la violencia, el neófito es capaz de comprender, al reflexionar sobre lo ocurrido, que ciertos comportamientos despiertan la violencia allí donde no la había ni tenía por qué haberla. Ninguna bofetada sustituye a la persuasión, pero alguna —en la ocasión y el momento adecuados– puede servir de aldabonazo para que las razones persuasivas sean mejor atendidas.

En todos los continentes, especialmente en los países del llamado Tercer Mundo, millones de niños padecen maltrato. Nunca ven acercarse a ellos a los adultos más que con malas intenciones: no para jugar o instruirles, sino para esclavizarles como trabajadores a destajo, objetos sexuales o minúsculos soldados de guerras que no pueden ni deben comprender. Es el peor de los pecados, el motivo que justificaría otra lluvia de fuego sobre nuestra civilización en tantos aspectos desalmada. También en los países democráticos y desarrollados a menudo los más pequeños pagan en la intimidad del hogar agobios y frustraciones de quienes deberían cuidarles con la alegría que hace madurar. Pero no menos dañino a la larga es que crezcan en la falsa tolerancia de quienes no saben o no quieren enseñarles las restricciones que impone –sí: impone– la convivencia civilizada. De tal modo que luego, en la adolescencia, se conviertan en perturbadores asilvestrados que ni estudian ni permiten el estudio de los demás en las escuelas o que pasen su tiempo persiguiendo en jauría a sus compañeros o maltratando a las chicas, como entrenamiento de lo que mañana harán con sus parejas. Les cuento un caso vivido: sesión de tarde en un cine de estreno, en San Sebastián. Un chaval de unos doce años martiriza groseramente a la niña que le acompaña, a la que entre bromas y veras le está dando una auténtica paliza. Los adultos circunstantes miran con embarazo y comentan con desagrado, pero no mueven un dedo. Hasta que una señora joven y bien plantada se levanta y le arrea un sopapo al botarate, diciendo enérgicamente: «Eso, para que aprendas que siempre habrá alguien más fuerte que tú». A partir de ese momento, paz en la platea. No, claro que no se debe pegar a los críos. Casi nunca.

Hablando de lo que queremos

Creo que era Mark Twain quien decía que para iniciar una buena biblioteca lo primero era prescindir de todas las obras de Jane Austen. Pues bien, para hablar como es debido a los jóvenes (con intención educativa, claro está) lo primero es prescindir de los *halagos*. Quienes comienzan a tratar con ellos haciendo un panegírico de su autenticidad, rebeldía, altura de miras, etc., son en el mejor de los casos pésimos maestros y en el peor auténticos bribones. Me refiero a jóvenes en el sentido estricto del término, los menores de edad que aún no gozan de la plenitud de derechos civiles pero ya no son niños, es decir han pasado la pubertad. Una persona de veinticinco o treinta años aún es joven en muchos sentidos pero no en el formativo que aquí me interesa.

Cuando se habla de temas relevantes y no por puro pasatiempo, el adulto que pretende ayudar a los jóvenes (es decir, educarles) debe aceptar su papel de razonable obstáculo, de relativo *frustrador* de expectativas tumultuosas. Como Hamlet al final del primer acto de su tragedia, el joven siente la impaciencia y el fastidio de haber llegado a un mundo mal hecho y verse en la necesidad de enmendarlo. El adulto debe representar ante él la realidad de ese mundo imperfecto, no para legitimar sus defectos sino para mostrarle que no son en la mayoría de los casos simples caprichos o muestras de mala fe sino pruebas de la dificultad de convivir organizadamente con otros seres libres. En ocasiones, los aspectos menos amables del mundo son el precio de evitar males aún mayores y menos remediables. Convertirse en portador de esa mala noticia hace que el educador siempre caiga en ciertos momentos antipático a los neófitos. No tiene otra forma de ser honrado y cumplir su misión, porque cuanto crece —para hacerlo rectamente— debe apoyarse en lo que le ofrece resistencia, como la hiedra. Esto impone un equilibrio difícil, puesto que frustrar en ciertas ocasiones no significa desanimar en todas ni mucho menos acabar con los deseos juveniles de transformar y mejorar lo que hoy está vigente. El educador debe encarnar el papel de conformista sólo para que el inconformismo de los jóvenes siga vías razonables.

Esto fue lo que yo intenté, con mejor o peor acierto, en mis charlas con escolares recogidas en *Ética de urgencia*. El título no engaña pero es reductor, porque en muchas ocasiones no fue de ética de lo que se discutió sino de política, sobre todo de la necesidad de ser políticos y de prepararse adecuadamente para ello. En algunos temas, el acuerdo relativo fue bastante fácil; en otros, casi imposible. Las mayores resistencias las encontré al tratar el tema de la piratería digital y las descargas ilegales, que prácticamente todos asumían como un derecho («la cultura debe ser gratis», etc.) y hasta como un signo de identificación generacional liberadora frente a sus mayores. Pero en uno de los encuentros sucedió algo que me confirmó que nunca se discute en vano del todo. Tras haber defendido con energía los derechos de propiedad intelectual y la necesidad de legislar contra el robo consentido del «gratis total», tropecé con la habitual barrera de resistencias y reticencias generalizadas. Sólo una chica me apoyó con vehemencia y al final del encuentro se me acercó para testimoniarme que compartía mi punto de vista. Bromeando le dije que por lo visto estábamos ella y yo solos frente al mundo. «Es que yo quiero ser escritora», me dijo. Vaya, al menos una había entendido el conflicto desde el lado del suministrador de contenidos y no del consumidor rapaz.

¡Al infierno con Dante!

Hay noticias importantes por sí mismas y otras que lo son sólo como síntomas. Éstas sin embargo pueden a veces decirnos más sobre el fondo de lo que nos pasa que las que directamente nos cuentan lo que nos pasa. Por ejemplo: Gherush92, una organización internacional de investigadores y profesionales que cumple funciones especiales de consultoría en la ONU para cuestiones de derechos humanos y educación para el desarrollo, recomienda que la *Divina Comedia* de Dante Alighieri sea excluida de la enseñanza escolar por antisemita, antiislámica y homófoba, entre otras maldades. En efecto, en los diversos círculos de su minucioso Infierno (que en sí mismo ya es un concepto sádico) padecen eterno castigo el judío Judas, Mahoma y un ilustre elenco de sodomitas, por no hablar de los adúlteros, los hipócritas y otros representantes de formas de vida alternativas. Los escolares son obligados —«sin filtros ni explicaciones», asegura Gherush92, que por lo visto tiene informantes en todas las aulas— a venerar los logros del gran poeta calumniador. Por supuesto, añade la presidenta de esta culta organización defensora de todo lo correcto, Gherush92 no invoca ninguna forma de censura.

Hagamos una pausa para reírnos, desde la condescendencia o el nerviosismo. Y ahora sigamos, no sin recordar que acusaciones inquisitoriales parecidas se han hecho antes contra la brutalidad de la *Ilíada* y contra *El mercader de Venecia*. En realidad, si de lo que se trata es de fomentar las buenas costumbres sociales y la tolerancia, lo verdaderamente peligroso de nuestra tradición cultural es empeñarse en transmitirla a las generaciones venideras. El pensamiento más alto y la poesía más auténtica de que guardamos registro han celebrado durante siglos la esclavitud, el aniquilamiento bélico de los enemigos, la sumisión e inferioridad de las mujeres, el castigo feroz de herejes y transgresores de la ley, etc. Claro que también en esas páginas apolilladas se encuentra la reclamación primordial de libertad y justicia, de la protección de los débiles, de una igualdad entre seres humanos que excluya las más arraigadas exclusiones. Y el repudio de quienes abusan de su poder social en contra del resto de los socios. ¿Cómo separar lo uno de lo otro, como cribar lo que nos escandaliza para dejar limpio lo que nos trae esperanza, sin perder por el camino lo sustancial e irrepetible de la cultura misma?

Para algunas «bellas almas» (la denominación solía emplearla Hegel, y no en tono de alabanza), la interpretación del presente es plana, sin perspectiva ni profundidad, llena de preceptos edificantes y vacía de historia. Pretender ahorrar la educación a esas insuficiencias y esa suficiencia es sencillamente sabotearla en cuanto posibilidad de potenciar mentes autónomas, realmente ilustradas. No nos libraremos así de los fanatismos criminales que con tanta razón nos alarman (precisamente el fanático es quien vive siempre *fijo* en el agraviante pasado o en el prometedor futuro), pero castraremos la formación humanista de los ciudadanos que deben defenderse y defendernos de ellos. Conocer bien a Homero, a Dante, a Shakespeare y también a Céline nos refuerza contra el vendaval de las más peligrosas supersticiones, incluidas las de Homero, Dante, Shakespeare y Céline.

Después, conviene promover con cautela una modestia realista y levemente irónica. Dentro de cien años, o quizá de cincuenta (¡el espíritu se acelera para no desaparecer!), nuestros herederos leerán nuestras declaraciones de principios y nuestras recomendaciones morales con frecuente escándalo. Intentarán tachar muchas de las palabras que hemos dicho y de las imágenes que hemos proyectado, quizá algunas de las que hoy nos son más estimadas. Ellos sabrán por qué. Esperemos contar entonces entre los maestros con abogados benévolos, capaces de explicar con mesura y algo de resignación a los neófitos que eran otros tiempos.

La educación rentable

Quienes además de los sobresaltos de la vida privada padecemos o disfrutamos también los de vida cultural, hemos tenido en las últimas horas un disgusto seguido de una alegría. El disgusto, desde luego, ha sido la muerte del mexicano Carlos Fuentes, un novelista importante por la amplitud de sus registros y por su afán de prestigiar la literatura en castellano de ambas orillas del Atlántico. La alegría ha sido que el premio Príncipe de Asturias de Humanidades fuese a recaer este año en Martha Nussbaum, una profesora norteamericana de filosofía especialmente vinculada a temas educativos y a la formación integral de ciudadanos democráticos. Algunos de los que nos dedicamos desde hace décadas a cuestiones semejantes nos hemos sentido también un poco recompensados junto con ella.

La neoyorquina Martha Craven, que al estilo americano adoptó el apellido Nussbaum al casarse, ha sido profesora en diversas universidades (ahora lo es en la de Chicago) y ha publicado obras importantes sobre clásicos griegos (*La fragilidad del bien* es mi preferida), feminismo y multiculturalismo. Pero quizá lo más interesante para el público español en el momento presente resulte ser su defensa de una educación basada en el humanismo y orientada a la formación cívica y no sólo a la adquisición de destrezas laborales. O sea precisamente el objetivo que siempre se propuso la denostada asignatura de Educación para la Ciudadanía, que el actual ministro de Educación se apresuró a derogar nada más llegado al cargo. Nussbaum ha publicado dos libros sobre esta cuestión, ambos traducidos: *El cultivo de la humanidad. Una defensa clásica de la reforma de la educación liberal* (Ed. Paidós) y *Sin fines de lucro. Por qué la democracia necesita de las humanidades* (Ed. Katz). Este último, más breve y concentrado, es el que quisiera hoy recordar con mayor detalle.

Nussbaum considera «humanidades» aquellas disciplinas académicas que desarrollan el pensamiento crítico y la imaginación narrativa, como la filosofía, la historia, la literatura, la sociología, los estudios clásicos, etc. Es decir, las que se ocupan no tanto de los medios técnicos para conseguir nuestros fines sino de los propios fines de la vida en una sociedad democrática. Pero ocurre que actualmente se tiende a considerar implícita o explícitamente que esas materias son algo así como lujos o adornos frente a las verdaderamente rentables, es decir, las que están directamente implicadas en la prosperidad económica. De modo que, dice Nussbaum, «nos vemos obligados a elegir entre una forma de educación que promueve la rentabilidad y una forma de educación que promueve el civismo». Esta tendencia se acentúa indudablemente en una época de crisis como la actual: «La presión por lograr el crecimiento económico ha llevado a muchos líderes de Europa a reformular la totalidad de la educación universitaria en términos orientados hacia el crecimiento, indagando acerca de cuál es la contribución que hacen a la economía cada una de las disciplinas y cada uno de los investigadores». Y eso no es sólo cierto de la educación universitaria sino de la educación en general, desde sus primeros pasos. Lo que Nussbaum dice de los niños y adolescentes en la India me parece por desgracia también cierto en países como el nuestro: «La mayoría de ellos fueron criados con la idea de que conseguir un buen trabajo es el objetivo principal de la educación. El concepto de que las personas deben aprender cosas que las preparen para ejercer su ciudadanía de manera activa y reflexiva es una idea que jamás se les cruzó por el camino».

Lo que Nussbaum llama la capacidad socrática, es decir la aptitud para razonar y analizar objetivos de convivencia, tropieza con una incomprensión que se inicia en los mismos métodos de evaluación de los estudiantes. «En tanto los exámenes estandarizados se convierten en norma para evaluar el desempeño de las escuelas, los aspectos socráticos de los programas curriculares y de los métodos pedagógicos corren el riesgo de quedar atrás.» Por ejemplo, en los informes PISA hay cuestiones de difícil cuantificación que rara vez aparecen con la debida relevancia, porque «el pensamiento crítico y la imaginación narrativa, al igual que las aptitudes necesarias para ser un buen ciudadano del mundo, no son capacidades que puedan evaluarse mediante pruebas cuantitativas de opciones múltiples». De este modo quedan arrinconadas esas formas de enseñanza por el sistema mismo de valoración empleado en las aulas.

La rentabilidad económica del aprendizaje y la formación laboral que transmite no son desdeñables, sin duda. Pero educar no es sólo preparar empleados, sino ante todo ciudadanos e incluso personas plena y conscientemente humanas, porque educar es «cultivar la humanidad» y no sólo preparar para triunfar en el mercado laboral. Ésa es la verdadera rentabilidad democrática de la formación educativa y la adquisición de esa riqueza es algo cuya reivindicación nunca debe abandonarse. Es mérito de Martha C. Nussbaum haber insistido en ello y por eso quienes compartimos su inquietud celebramos el galardón que acaba de otorgársele.

Sin filosofía

El asturiano José Gaos fue catedrático de filosofía y socialista. Ocupaba el rectorado de la Universidad de Madrid (el más joven en el puesto, treinta y seis años) cuando tuvo que exilarse a México a causa de la guerra civil. En la UNAM ejerció un largo y hondo magisterio, de cuya fecundidad son prueba tantos discípulos ilustres. Murió de un ataque al corazón mientras presidía un tribunal de doctorado, un destino lleno de dignidad académica pero cuya perspectiva tratamos de evitar quienes nos jubilamos anticipadamente. A mediados del pasado siglo mantuvo un seminario con varios de sus mejores alumnos, ya emancipados en gran parte de su tutela (Ricardo Guerra, Emilio Uranga, Luis Villoro y mi añorado Alejandro Rossi), sobre una cuestión muy orteguiana: la vocación filosófica. ¿Qué es lo que lleva a alguien a dedicarse profesionalmente a la investigación y la docencia de la filosofía?

Los planteamientos iniciales del seminario (Gaos ligaba esa vocación a tendencias individuales como el afán de goce sensual o estético, la soberbia pasión intelectual de dominar, el erotismo del saber), las rebeldes e irónicas respuestas de los discípulos que se atrevían a dejar de serlo, las contrarréplicas cruzadas entre éstos y las admoniciones defensivas del contestado maestro a todos ellos constituyen una suerte de psicodrama de alto nivel ahora al alcance de los lectores, ya que Fondo de Cultura Económica acaba de publicar las actas del seminario (*Filosofía y vocación*, FCE). En esas pocas páginas se encierra, para quienes saben leerlas o comparten su inquietud inicial, el insoluble desafío de pensar más allá de lo que conocemos y de tratar de enseñar lo inenseñable. La aventura que nos hace humanos para unos, o simple pérdida de tiempo para los que reclaman que todo sea manejable y brinde netos beneficios.

Resulta evidente que el nuevo plan de estudios de bachillerato va a decantarse por la segunda opción. Montaigne dijo que «la filosofía tiene discursos para la infancia tanto como para la vejez» (la idea proviene de Epicuro), pero el Ministerio prefiere que se queden sin ella tanto unos como otros. La historia de la filosofía desaparece y la filosofía misma queda como una opción diluida entre otras muchas (tampoco la literatura sale mucho mejor parada). Se pretende reforzar las asignaturas instrumentales —lo que está bien— pero a costa de guillotinar las que sirven para reflexionar sobre los fines que pretendemos alcanzar con tales herramientas. A quien pregunte por ellos se le remitirá a las cotizaciones de la Bolsa o en general a la *eficacia,* entendida como maña para obedecer a la necesidad. La ausencia o minimización de la filosofía permitirá luego ir prescindiendo del resto de las humanidades, porque sin ella el arte o la historia quedarán como estrategias político-publicitarias que pronto serán sustituidas por mecanismos menos engorrosos. Mientras avance la tecnología, nadie lamentará el retroceso del pensamiento, esa jaculatoria de nostálgicos.

El vacío de sentido dejado por la filosofía lo llenarán a paletadas clericales (aquí «paletadas» viene de paleto, no de pala) las iglesias y los nacionalismos. Su enemigo común es el laicismo, que defiende a los pensantes frente a los creyentes: unos lo verán como guerra a la religión y otros como guerra a la identidad cultural. La enseñanza volverá a su cauce teológico e identitario, apoyándose unas veces en unos partidos y otras en los opuestos. Nos forzarán a abjurar de la democracia laica tanto las derechas hechizadas por la iglesia como la izquierda idiotizada por los nacionalismos. Aunque eso sí, como Dios aprieta pero no ahoga, tanto unos como otros procurarán mantener abierta la vía de acceso al supermercado. A su entrada, con el carrito de la compra, nos pertrecharán de unos cuantos dogmas anestesiantes. ¡Habrá que aprender a resignarse. aunque no podamos tomárnoslo con filosofía, porque eso es precisamente lo que ya no habrá!

Lo que busca la filosofía

Reconozcamos que en una sociedad que ama lo práctico (es decir, repetir una y otra vez lo que un día aportó algún beneficio a alguien) y aplaude lo obvio (al pan, pan, al vino, vino y queso para el camino) no es fácil defender el mantenimiento de la filosofía en el bachillerato. La filosofía es una forma de buscar, no una garantía de hallar ni de obtener: malo para el consumo. A veces creo que habría que defenderla de algunos de sus defensores, empeñados en convertirla en escuela de resignación (hay que tomarse las cosas con filosofía) o en una especie de manual sublevatorio (enseña a pensar contra el sistema, contra el capital, contra el poder, etc.).

Lo que busca la filosofía no tiene nada que ver con ningún conformismo, de derechas o de izquierdas. Los conformistas tienen su lenguaje ya hecho y a partir de él piensan, los que practican la filosofía rehacen constantemente el lenguaje para poder pensar más allá, lo hasta ahora impensado. No es un pensamiento que resuelva problemas y «facilite» la vida, sino la búsqueda del obstáculo obviado para que la vida parezca fácil, es decir, la búsqueda de lo real. A eso creo yo que se refería Hegel cuando dijo que la filosofía debe ante todo evitar ser edificante. Lo que pretende la filosofía es perpetuar la niñez que no sabe y pregunta, no la madurez esclerotizada en respuestas, de las que instituyen o de las que revolucionan. Más vale no decirle estas cosas al ministro de Educación, para que no acabe prohibida. Ni a muchos de los que creen defenderla, porque se apresurarían a desertar.

Que decidan ellos

Con el país semiarruinado y envilecido por tantas decisiones indebidas que se tomaron ayer y paralizado por las necesarias que nadie se atreve a tomar hoy, no es raro que la cuestión del día sea el derecho a decidir. Y resulta obligatorio, sin duda, decidir sobre este derecho. En más de un sentido, me parece que es el tema que subyace en la argumentación de Antonio Muñoz Molina en *Todo lo que era sólido* (Ed. Seix Barral). Diré antes de nada que el libro me parece excelente: sólo la modestia me impide elogiarlo más, puesto que hace tanto que vengo insistiendo en no pocas de sus reconvenciones y voces de alarma. Lo que no le resta originalidad a su bien trabada armazón ni habilidad narrativa para saber ilustrarla con casos significativos. Ahí se cuenta cómo los ciudadanos españoles fueron progresivamente dejando de ser lo primero cuanto más se ufanaban de dejar de ser lo segundo. La crisis de nuestro país –económica, social, política– tiene varias causas fatalmente concomitantes, internas y externas, pero la fragmentación nacionalista de la soberanía y por tanto de la responsabilidad de defender al unísono derechos y obligaciones ocupa el centro de todas ellas.

Porque eso es precisamente lo comprometido por el así reclamado «derecho a decidir». En una democracia, el derecho a decidir es tan intrínseco a los ciudadanos como el derecho a nadar a los peces. De ello se prevalen los separatistas para vender su mercancía averiada: ¿quién va a querer renunciar a su «derecho a decidir»? Ahora bien: ¿por qué reclamar esa obviedad con el énfasis del que aspira a una conquista, como si hubiese en este país ciudadanos de cualquier latitud que carecieran de él? Sencillamente, porque lo que solicitan los separatistas no es el derecho a decidir que ya tienen, sino la anulación del derecho a decidir que tienen los demás. Lo que se exige no es el derecho a decidir de los catalanes sobre Cataluña o de los vascos sobre el País Vasco, sino que el resto de los españoles no pueda decidir como ellos sobre esa parte de su propio país. O sea, que acepten provisionalmente la mutilación de su soberanía hasta que se les imponga de forma definitiva. Por supuesto, llegado ese feliz momento, serán también vascos y catalanes los mutilados del derecho a decidir sobre la mayor parte de su Estado actual junto a su pertenencia a él. Y todos tan contentos. ¿Por qué ser cola de león si se puede ser cabeza de ratón?

Semejante expolio se hace en nombre del «pueblo», entidad que siempre debe tener apellido regional para hacerse respetable, y su contagio alcanza incluso a las autonomías cuyo separatismo no ha sido sino mero oportunismo dialéctico para evitar controles del Estado y alcanzar privilegios derrochadores del bien común. Quienes nunca creímos que los únicos sujetos políticos sean los individuos y las familias, como Margaret Thatcher, pero tampoco aceptamos que puedan ser sustituidos por un «pueblo» que sólo habla por ventrílocuos antisistema o antipaís, es decir, los que queremos ciudadanía dentro del Estado de derecho nacional hemos perdido la partida de la educación y de la ideología mayoritaria: somos los «fascistas» de quienes no saben lo que significa esa descalificación ni cuánto se parecen ellos mismos a los que antaño la merecieron.

En su libro, Muñoz Molina omite mencionar tanto a los pocos intelectuales progresistas que se opusieron a esta deriva cuanto a los muchos que prefirieron considerar progresista ignorarla o favorecerla. Abundan los ejemplos respetables de este último tipo de ceguera, como el recientemente fallecido José Luis Sampedro, cuyas alusiones al tema vasco es piadoso olvidar en estas horas de luto. Desdichadamente, los que tanto necesitamos a lo largo de muchos años el apoyo de voces sabias de la izquierda, no tuvimos la suerte de beneficiarnos de esa lucidez que por lo visto Sampedro guardó para mejores ocasiones. Aunque ni siquiera mucha lucidez hacía falta para señalar el abismo al que nos ha llevado la soberanía en fascículos: bastaba el sentido común y un poquito de aguante para soportar denuestos del radicalismo neotribal.

Carta sobre el escepticismo

Querido Manolo:

Sean estas pocas líneas… (perdona, pero ni siquiera por mail logro prescindir de las viejas fórmulas de cortesía propias de la añorada correspondencia manuscrita) para desearte lo mejor en los espero que tropecientos años de jubilación que acabas de inaugurar. Como ya en el pasado tantas veces hemos discutido de lo divino y hasta de lo humano (que es lo más difícil de discutir), no pretendo en esta merecida celebración reincidir en esos apetecibles enigmas. Quisiera en cambio hacerte algunas consideraciones sobre la enfermedad profesional que padezco: el escepticismo. Sospecho que tú también tienes bastante de escéptico, pero no me atrevo —en estos casos la duda no ofende, sino que es de rigor— a diagnosticarte colega de dolencia. Para extremar las precauciones, tampoco daré por hecho que «escepticismo» es un término unívoco y que la definición que figura en cualquier diccionario de filosofía debe ponernos a todos de acuerdo... al menos en este punto. De modo que intentaré describirte los síntomas que padezco y puede que hasta algún apunte que creo razonable de su etiología. Si al explicarme resulto demasiado idiosincrásico, me curaré en salud —manía que bien puede considerarse otra enfermedad— previniéndote de que me limito a contar «mi» escepticismo, no «el» escepticismo universalmente considerado.

Para empezar, haré un breve recuento de los rasgos habitualmente considerados clásicos del escepticismo que *no* me aquejan. No creo que no sepamos nada cierto sobre nada, ni que todos nuestros conocimientos sean más o menos dudosos, cuando no perfectamente irrelevantes. Al contrario, estoy convencido de que sabemos muchas cosas fiables sobre la realidad: es más, tengo por seguro que los humanos *siempre*, en toda época y lugar, hemos abundado casi sorprendentemente en noticias de lo que hay y de lo que ocurre. Sin esa ciencia no habríamos podido sobrevivir: con una dieta de errores y engaños no se alimenta mucho tiempo ni el cuerpo ni el alma. Admito sin discusión que el orbe de lo que ignoramos tiene lógicamente que ser muchísimo mayor del de lo que conocemos —el tamaño del tiempo y del espacio contribuyen fundamentalmente a ello—, pero esta convicción no me lleva a suponer que sea más importante y fundamental, ni siquiera mucho más útil (comparto así una opinión temprana de Max Horkheimer): mi impresión más bien es que lo que no sabemos se parece en rango, calidad y cualidad a lo que sabemos ya. Predomina el «aire de familia», que diría Wittgenstein, en los conocimientos pasados, presentes y probablemente futuros.

Desde luego, tampoco comparto la puesta en cuestión posmoderna del concepto de «verdad», ese planteamiento de que no hay hechos sino sólo interpretaciones y que lo verdadero funciona únicamente dentro de un cierto marco cultural de referencia, versión reciente del acrisolado versito de Campoamor: «En este mundo traidor / nada es verdad ni mentira / todo es según el color / del cristal con que se mira». Es evidente que la verdad no es absoluta, como tampoco lo es la belleza, el bien o la justicia: nuestros valores se nos parecen y comparten nuestras limitaciones de estatura (ya sé que Benedicto XVI piensa otra cosa, porque supone que el Dueño de los valores es absoluto y nosotros sólo los tenemos de prestado). Pero esa limitación no implica que no existan realmente para todos nosotros y que no tengan, sea donde fuere, elementos comunes. En particular la verdad tiene diversos campos de aplicación, pero no los determinan las diferencias culturales sino las exigencias epistemológicas, o sea que no es lo mismo en matemáticas que en historia o meteorología… aunque en cada una de esas áreas haya verdad distinta al error o a la superstición. Comparto la sabia advertencia del historiador del arte Gombrich, cuando señalaba que ciertos pueblos no conocen en su arte la perspectiva, pero en ninguna parte nadie se esconde de su enemigo poniéndose delante del árbol y no detrás.

De modo que mi escepticismo comienza desconfiando de la mayúscula del Escepticismo mismo. Como del resto de las mayúsculas, porque en eso consiste precisamente mi escepticismo. Todas nuestras verdades son minúsculas, como nosotros, y nuestros conocimientos se van haciendo confusos e imprecisos según se agigantan, igual que una fotografía pierde nitidez cuando se la amplía demasiado. Agrandamos nuestro saber en busca de un sentido trascendente, transhumano, o sea de un significado totalizador que nos redima de nuestro propio formato, que sentimos como insignificante. Por decirlo con Bertrand Russell, cometemos el abuso falaz de creer que como cada uno de nosotros tiene madre, también la Humanidad tendrá una Madre. Y que como todas las cosas que frecuentamos tienen un comienzo y un final, habrá también un Comienzo y un Final de la Cosa cósmica. Aún peor: que como todas las palabras tienen su significado en nuestro intercambio verbal, debe haber una Palabra cuyo Significado los recoja y condense todos. Y por supuesto, como hay unas políticas mejores que otras, deberá haber una grande y utópica Política mejor que todas. En resumen, no nos basta saber para ir tirando sino que anhelamos un Saber que nos salve, como individuos y como especie, una Clave que convierta lo personal en dueño espiritual o al menos intelectual de todo lo impersonal. Y es

Mi rincón favorito de Londres, junto a mi maestro Bertrand Russell.

---

respecto a tal ambición megalómana frente a la que soy incurablemente escéptico.

Una grave limitación por mi parte, porque esa ambición es —declarada o calladamente— común tanto a la teología como a la filosofía y a la propia ciencia, deambulando entre la *Suma Teológica*, el Sistema a lo hegeliano y la Teoría de Cuerdas. No quiero decir que no haya disfrutado con las grandes tareas de teólogos, filósofos y científicos —cuanto mayores, más impresionantes y sugestivas—, pero siempre las he gozado y aún ahora ocasionalmente las gozo *tongue in cheek*, como suele decirse: vamos, sin creer nunca demasiado en ellas, a beneficio de estimulante inventario y nada más. Por eso, cuanto he intentado en filosofía, dejando quizá aparte algunos excesos juveniles, ha estado marcado por cierta vocación minimalista y narrativa de tono finalmente escéptico que se ha ido agravando con los años. Ahora contemplo con cierto admirativo asombro a los que no se ven debilitados por este morbo intelectual y siguen acometiendo animosamente sistemas y empeños de ambición sublime. Yo francamente ya no estoy por la labor: les escucho con respeto, unas veces irónico y otras sincero, pero no pienso enredarme en ningún debate de tanto volumen. Lo siento, pero me vuelvo a casa; ni los palacios ni las catedrales son para mí.

Mi escepticismo tiene también efectos digamos que sociales y políticos. Se concreta en la defensa de un laicismo escrupuloso y casi diría que radical a todos los efectos de las instituciones públicas. El Estado democrático ampara la libertad de cada cual en el terreno filosófico o teológico, pero no entra en discusiones sobre estos temas ni pretende imponer ninguna verdad a escala mayúscula, como las que antes he indicado. Te expongo un ejemplo práctico, porque sé que trata de una cuestión polémica: el velo islámico o el *burka* cuyo uso pretende prohibirse en ciertos países europeos. A mi entender, esa prohibición es adecuada en ciertos lugares públicos en los que la identificación del rostro es exigible (aulas escolares, control de pasaportes, salas de justicia y espacios semejantes). Donde la ley civil no permite máscaras ni disfraces no hay razón religiosa para tolerar tales indumentarias. Y por supuesto tampoco puede permitirse que ningún clérigo o varón de la familia se la imponga contra su voluntad a ninguna mujer. Pero si alguna (o alguno) desea llevarlas en lugares públicos en los que no hay preceptos legales sobre cómo debe vestirse (en la vía pública, por ejemplo, en que cualquier hombre puede ir vestido de mujer, llevar peluca o barba postiza, etc.), la prohibición constituye un abuso. Sostener que el *burka* conculca la dignidad humana de la mujer es un dogma tan escasamente laico como el que lo impone como exigencia de la decencia o religiosidad femenina. Lo que va contra la dignidad del ciudadano es impedirle que se muestre como desee allí donde no hay daño para nadie en ello. En una democracia laica (ese pleonasmo), tal cosa no debiera ocurrir.

En fin, ya ves a dónde me lleva mi talante escéptico. Podría decirte, como suelen hacer ritualmente bastantes, que quisiera tener la fe que otros ostentan... pero no sería sincero. Uno puede envidiar la fe como puede envidiar a quien está borracho, porque mientras le dura ese atontamiento exaltado se siente a gusto. Pero sé por reiteradas experiencias personales que tras la curda viene la resaca y he visto casos en que tras la fe pasaba algo semejante o peor. De modo que, sin remedio, me contento con mi escepticismo. El cual, desde luego, no me impedirá seguir debatiendo contigo gustosamente de tantas cosas de cielos y tierra, porque si en alguna materia no soy en absoluto escéptico es en la amistad.

TERCERA PARTE

Envueltos en la red

Deontología de la ciberseguridad

Las revelaciones de Snowden sobre espionaje en la red por parte de Estados Unidos ha suscitado un debate no sólo político sino también «ético». De lo que se trata en este caso no es de la valoración ética que los sujetos hagan de sus acciones, sino de la deontología —o sea, las normas de moral pública establecidas— que ciertos comportamientos institucionales puedan haber comprometido o francamente violado. Entre los valores deontológicos que las instituciones deben defender en un Estado democrático hay dos muy importantes y que a veces se cortocircuitan mutuamente: la libertad de los ciudadanos (que incluye su derecho a no ser interferidos indebidamente por las autoridades y a conservar espacios vitales de privacidad) y la seguridad de los ciudadanos y del propio Estado (que incluye la prevención cautelar de delitos, sobre todo en nuestros días los de alcance terrorista). El mundo del ciberespacio ha abierto nuevas áreas de libertad y también inéditas amenazas a la seguridad: de ahí el conflicto que actualmente nos preocupa.

Hoy parece considerarse que perder libertad para ganar seguridad es algo rechazable por reaccionario. Sin embargo, algunos de los mayores logros del progreso en los países democráticos han seguido precisamente esa vía: la no por casualidad así llamada «Seguridad Social», un avance revolucionario, se basa en impuestos y cotizaciones que restringen lo que cada cual puede hacer con sus ganancias, y también la educación universal es obligatoria, etc. Hace cinco o seis siglos, los caminos europeos eran mucho más «libres» (sobre todo para los bandoleros) que nuestras vigiladas carreteras actuales. Cuando apenas existían automóviles, no había leyes de tráfico ni guardias para poner multas, pero se hicieron necesarias para mantener la seguridad en cuanto la red viaria aumentó en cientos de miles de unidades y la capacidad de correr se hizo peligrosa. Pocos consideran superfluas estas medidas cautelares.

Siempre que se discute sobre los excesos de vigilancia del gobierno sobre los ciudadanos sale a relucir el Gran Hermano descrito por George Orwell en su famosa distopía *1984*. Pero suele pasarse por alto que el control agobiante y obsesivo del Gran Hermano de Orwell se ejercía para impedir libertades democráticas de asociación, expresión y creencias, es decir, no para la seguridad de los ciudadanos sino para garantizar la del poder establecido sin oposición a su dictadura. De momento, no parece que las muchas formas de cibervigilancia que padecemos en los países democráticos (es evidente que el caso de China, Cuba, etc., es distinto) restrinjan las libertades cívicas fundamentales, sino que hasta ahora sólo sirven —cuando sirven para algo— para combatir delitos contra la propiedad intelectual, la pederastia y detectar redes terroristas (tarea, por cierto, en la que hasta ahora no puede decirse que hayan tenido siempre éxito). Es posible que también sean utilizadas por las grandes potencias económicas para obtener ventajas indebidas en los mercados, ya que en ese campo, como en casi todos, la información es poder y riqueza, pero aun así estamos lejos de la sombría profecía de Orwell. Por otra parte, aunque todos somos muy amigos de la libertad, la queremos para nosotros

¡Cuénteme su caso!

mismos —que, como se sabe, somos personas decentes e inofensivas—, pero no para quienes roban (por eso tenemos cerrojos y alarmas en nuestras casas), ni para los que asaltan bancos y almacenes (donde nos parecen oportunas las cámaras de vigilancia y los guardias de seguridad), ni para los que raptan niños (protección en las escuelas y en los parques infantiles) ni para quienes utilizan la red para tender celadas sexuales a los adolescentes… ni por supuesto para quienes planean cometer atentados terroristas.

Lo malo es que nunca ningún servidor público gana medallas por prevenir delitos porque ¿quién nos asegura que realmente iban a cometerse? Cuando ocurre el crimen, sin embargo, nunca faltan reproches contra los que no supieron prevenirlo ni protegieron bien a las víctimas. Lo cual desde luego no legitima todas las medidas que hoy pueden tomar los gobiernos para controlar datos y comunicaciones en internet. Sobre todo aquellos procedimientos que transgreden la soberanía de otros países y no respetan ni siquiera a los organismos internacionales. Cualquier política de cibervigilancia debería dotarse de normas claras (tanto legales como deontológicas) y tendría que estar acordada al menos entre los Estados que comparten planteamientos democráticos semejantes. Pueden quedar secretos los resultados de lo que las agencias gubernamentales de vigilancia están haciendo (forma parte de la eficacia de su cometido), pero debe quedar institucionalmente claro en qué consiste eso que están haciendo y qué responsables autorizados se encargan de gestionar un material tan sensible y propenso a inadmisibles abusos.

Aunque la mención del Gran Hermano sea recurrente entre quienes confunden a George Orwell con Mercedes Milá, puede que la metáfora más adecuada para la polémica entre libertad y seguridad sea la de la pugna entre dioses en el Olimpo político de la que habló Max Weber. Cada uno de esos valores esenciales, a fin de cuentas, no puede ser definido sin ser puesto en relación con el otro aunque sea difícil conciliar los respectivos ideales. Tanto la libertad como la seguridad de cada ciudadano, y desde luego las amenazas que las comprometen, evolucionan hoy y lo harán aún más mañana en ámbitos virtuales inéditos que ha abierto internet. Es imprescindible una regulación legal de ese nuevo mundo que ahora habitamos y que se superpone al otro que ya conocíamos. La cuestión es aquella que hace siglos planteó Juvenal en la Roma de los Césares: «Y... ¿quién vigila a los propios vigilantes?».

Ley mala, pueblo bueno

El Parlamento Europeo ha rechazado por amplia mayoría adoptar el tratado comercial ACTA en defensa de la propiedad intelectual y contra la piratería en internet, suscrita por otros países occidentales como Estados Unidos o Canadá. Según este respetable areópago, dicho convenio tiene disposiciones ambiguas o poco claras que pueden ser utilizadas en contra de las libertades de expresión y comunicación en la red e incluso llegar a coartar la capacidad de invención o innovación en el obligatoriamente fascinante mundo virtual. Como no conozco detalladamente el articulado de ACTA, no puedo opinar sobre tales objeciones, aunque así, a bote pronto, me suenan un poco raras. Si ACTA hubiera sido promovida por Corea del Norte o Cuba, no me costaría aceptar que fuese una artera maniobra contra libertades elementales, y si su principal valedora fuese Arabia Saudí, estaría dispuesto a dar por bueno que pretende bloquear el progreso de la inventiva humana. Pero que Canadá aspire a un internet esclavizado gubernamentalmente o que Estados Unidos se declare legalmente enemigo de la innovación cibernética me parece demasiado chocante. Vamos, que no me lo creo.

Los parlamentarios europeos se declaran sumamente preocupados por la defensa de la propiedad intelectual, faltaría más. Pero dicen que ACTA no les gusta y la rechazan, en lugar de asumirla con las debidas precisiones que diluciden cómo debe ser aplicada en los casos dudosos. Sobre todo, esgrimen contra ese acuerdo las expresiones de repulsa llegadas vía internet por parte de casi tres millones de ciudadanos. Según los más optimistas, esta avalancha demuestra que realmente existe una opinión pública a escala europea. ¡Por fin! El consenso ilustrado que no parece haber en los temas económicos ni respecto a la inmigración o a la propia constitución de la UE, brota ahora de las tinieblas para evitar que se coarten las maniobras de las grandes entidades y pequeños individuos que se aprovechan de todas las maneras posibles pero siempre gratis de la música, la literatura, el diseño o la imaginación filmada de otros. Una movilización largo tiempo esperada, desde luego, aunque digna de mejor causa.

Debemos creer piadosamente que a los parlamentarios europeos les preocupa el constante fraude contra la propiedad intelectual e industrial, aunque les inquieta aún más el tratado ACTA. Muy bien, pero la pregunta es: ¿qué disposiciones van a tomar para acabar con dicho latrocinio organizado y favorecido por grandes entidades de la red? ¿Seguirán escuchando demagógicamente a quienes se benefician de él, a los supuestos creadores que sólo inventan formas de aprovecharse de la creación ajena, a los innovadores dedicados a encontrar nuevos caminos para copiar cualquier novedad rentable, a los abogados de la libertad de expresión y comunicación que desprecian la libertad básica de quienes aspiran a vivir de su inventiva sin tener que repartir beneficios con los parásitos?

Es obvio que siempre habrá más gente a favor de disfrutar gratuitamente de la cultura que creadores culturales e industriales que reivindiquen el beneficio de los contenidos que aportan para tal disfrute. Pero halagar a los primeros en detrimento de los segundos no sólo es injusto e inmoral sino suicida: asesinará a la cultura en nombre de la libertad y a la invención en nombre de las novedades. ACTA *iacta est*. ¿Y ahora, qué?

El ilustrado pragmático

Denis Diderot es quizá la figura destacada de la Ilustración que sigue contando con mayores simpatías entre quienes hoy todavía se consideran ilustrados. Voltaire fue sin duda un gran señor de las letras –«¡como yo!», se ufanó Nietzsche, no sin peligro para ambos–, pero ahora ese rasgo aristocrático se vuelve contra él, lo mismo que sus astucias de inversor que se benefició indirectamente de la trata de esclavos; y si vamos a Rousseau, sirve igual para defender luces democráticas que sombras comunitarias contra el teatro o el individualismo. ¿Y qué decir del insigne Montesquieu, que muere o resucita según le peta al politicastro de turno que quiere darse lustre a su costa?

Sin embargo, Diderot continúa gozando de prestigio en el mercado de valores intelectuales actual, que por otra parte dista de ser el Juicio Final. En lo personal, cuenta con pergaminos hoy inatacables, porque fue libertino pero trabajador (¡le debemos nada menos que la Enciclopedia, coño!), descreído pero lleno de fe en las Luces, un racionalista escéptico y romántico, tan científico como Eduardo Punset y tan sentimental como Corín Tellado. Estuvo en la cárcel por sus ideas aunque aduló prudentemente a veces a quien podía ayudar a sus empresas. En lo ideológico fue materialista y libertario como el que más (¡más que el que más!), pero se habría horrorizado de llegar a saber que la figura de su heredero no saldría de las sombras del futuro llevando en la mano el fanal de la razón sino una cabeza cortada chorreando sangre. Lo describe bien Félix de Azúa en su reciente *Autobiografía de papel* (libro que por cierto tiene algo de reparto de premios fin de carrera). Diderot fue, es y creo que seguirá siendo un tipo simpático. Este año, con motivo del tricentenario de su nacimiento, se han multiplicado las publicaciones sobre él, como *Diderot ou le bonheur de penser* (Ed. Fayard) de Jacques Attali o *Diderot, un diable du ramage* (Ed. Gallimard) del maestro Jean Starobinski, su mejor conocedor.

También acaba de hacerse pública en España una razón más para mantener nuestra estima por él. Se trata de un escrito de circunstancias, de esos que suelen nacer al calor de las urgencias del momento y que pasan de moda con igual rapidez… salvo que las vueltas y revueltas de la historia lo traigan de nuevo a la actualidad que, como ya sabemos, suele ser «rabiosa». El escrito es su *Carta sobre el comercio de libros* (Ed. Seix Barral), con prólogo de Sergio Vila-Sanjuán y un estudio de Roger Chartier. Responde a una petición del gremio de libreros parisinos en defensa de las garantías de su comercio y va dirigida al magistrado encargado de la Librería (algo así como la actual Dirección General del Li-

---

El primer encanto de París para mí son sus librerías. ¿Cuánto durarán ante el acoso de la venta por internet?

bro), que era entonces Antoine Gabriel de Sartine, al que algunos conocemos como personaje de la serie de novelas policíacas ambientadas en el Siglo de las Luces, invariablemente excelentes, de Jean-François Parot.

Diderot no es un entusiasta de los privilegios de los gremios ni de cualquier cortapisa a la libertad de comercio, pero entiende perfectamente que la única forma de que un autor sea remunerado por su trabajo –y por tanto pueda crear en libertad no tutelada por mecenas– es proteger los derechos de los editores que compran su obra de parásitos imitadores que vendan a menor precio lo que otros consiguieron según trato justo. Su pragmatismo ayuda a sus principios, para facilitar su cumplimento más allá de la retórica. Este razonado alegato, una bella pieza ilustrada, demuestra que las asechanzas que hoy padece la creación cultural no son espejismos de quienes no entienden la modernidad, sino la continuación de un combate contra los que desde antaño pretendieron malversarla en su interés. Y nos deja algunos axiomas imprescindibles, como que «el autor es dueño de su obra o no hay persona en la sociedad que sea dueña de sus bienes» y que «el derecho del propietario es la verdadera medida del derecho del comprador». Gracias, viejo maestro.

La honradez de Dickens

¡Por cuántas cosas merece ser celebrado Charles Dickens en el bicentenario de su nacimiento! Su obra enorme y vigorosa ridiculiza gloriosamente la manía de jerarquizar la cultura «seria» por encima de la «popular» o «comercial». Nadie fue más devoradoramente popular que él y nadie influyó tanto en lo más respetable de la literatura anglosajona posterior: después de Shakespeare, sólo él. En sus novelas, el arte narrativo combina el afán de justicia con la compasión y el optimismo, los ingredientes necesarios de la perspectiva moral. Fue un moralista, pero no en el sentido francés del término, que se refiere más bien a una forma de cinismo cultivado y desmitificador. Aún más insólito: su moralismo literario logró efectivamente moralizar aspectos de la sociedad en que vivió, llena de rutinas despiadadas como las ejecuciones capitales ante el público, la cárcel por deudas, etc. Todos los buenos escritores mejoran la literatura, pero muy pocos logran también que el mundo cotidiano sea después de ellos algo mejor. Dickens lo consiguió, por mucho que los burlones antes y ahora se encojan escépticamente de hombros ante su populismo sentimental.

Sin embargo, las glosas laudatorias que hoy se le dedican olvidan o menosprecian aquel de sus combates éticos más actual: su lucha contra la piratería que conculca los derechos de autor. Las circunstancias de entonces eran diferentes, pero en lo esencial sigue pudiendo servirnos de inspiración. Recordemos el asunto. A mediados del siglo XIX, en el apogeo de su éxito, Dickens viajó por primera vez a Estados Unidos, donde se le esperaba con entusiasmo. En la primera gran república democrática le consideraban adalid del progreso y la igualdad contra los privilegios aristocráticos de la vieja monarquía inglesa, corrupta y clasista. Pero Dickens era honrado y por tanto enseguida decepcionó: en lugar de centrar sus conferencias en la corrupción de los aristócratas en Inglaterra, las dedicó a hablar de la corrupción de los demócratas en Estados Unidos. El blanco de sus críticas fueron las leyes sobre el *copyright* que permitían en América piratear (la expresión es suya) las obras de autores ingleses.

Como evidentemente él era con mucho el mayor damnificado, de inmediato le llovieron las críticas por «interesado» y «avaricioso». No se arredró. Deploró clamorosamente que en la tierra de la libertad no la hubiera en absoluto para hablar de un tema controvertido, sobre el que callaban sus colegas y amigos yanquis como Washington Irving o Prescott. Le hervía la sangre (también son palabras suyas) al comprobar el silencio o la animadversión que despertaba entre los asistentes a los banquetes que le tributaban en cuanto mencionaba el tema de esa flagrante injusticia. ¿Le tachaban de interesado? Pues a mucha honra. Los predicadores del desinterés son a menudo subvencionados o ricos por su casa. Pero Dickens había conocido la miseria en su infancia y su adolescencia: no defendía a los pobres porque despreciase la abundancia sino porque estaba familiarizado con la humillación de la pobreza. Frente al falso idealismo de los aprovechados defendía el sano materialismo de los trabajadores. Y no se avergonzaba de hablar de dinero. Como señala con simpatía Chesterton en su excelente retrato del escritor (*Charles Dickens*, Ed. Pre-Textos): «Reclamaba su dinero en un tono valeroso y vibrante, como un hombre que reclama su honor».

Así se enfrentó a la opinión pública, que no siempre tiene razón pero cuenta con la ventaja de la mayoría. Y es que los creadores de cultura siempre son minoría frente a los que la consumen y disfrutan, sea en aquel siglo o en el nuestro.

Hagan la prueba hoy: condenen la corrupción de los políticos o de los banqueros y la masa asentirá satisfecha; condenen la corrupción de los internautas sin escrúpulos y se ganarán un abucheo. Pero arriesgarse a caer antipático es lo que distingue al que habla de moral del mero apóstol de la moralina. También por esta muestra de impávida decencia debemos hoy celebrar a Dickens.

Recuerdos envenenados

David Rieff es un periodista y politólogo que ha publicado durante muchos años trabajos destacados en revistas como *New Republic* y *World Policy Journal*, aunque probablemente en España sea más conocido por *Un mar de muerte*, en el que narra la última enfermedad y muerte de su madre, Susan Sontag (publicado por Debate en castellano y La Magrana en catalán). También importa destacar que es fundador y director del departamento de Crímenes de Guerra en la Universidad Americana de Washington DC. Ha conocido personalmente esos crímenes en lugares como Ruanda, Kosovo, Israel y Palestina, Irak o Bosnia. Precisamente es su experiencia en este último país la que ha provocado su obra más reciente: «En las colinas de Bosnia aprendí a odiar pero sobre todo a temer la memoria histórica colectiva. En su apropiación de la historia, que ha sido mi pasión más sostenida y mi refugio desde la infancia, la memoria colectiva logra que la historia misma se parezca más que a nada a un arsenal lleno de armas necesarias para mantener las guerras o hacer de la paz algo tenue y frío».

El libro, breve y contundente, que ha escrito para University of Melbourne Press se titula *Against Remembrance*. O sea, «Contra el recuerdo», pero conviene tener en cuenta que *remembrance* se usa también por «conmemoración». En efecto, mientras que la memoria personal recuerda incluso sin querer y con frecuencia se esfuerza en olvidar para iniciar nuevas etapas de la vida, la memoria colectiva conmemora como hitos inamovibles ciertos acontecimientos en que funda la identidad grupal y considera el olvido no una nueva oportunidad sino un atentado. Para Rieff, la memoria colectiva difiere esencialmente de la historia: primero, porque la historia se ocupa de los sucesos como algo pasado, es decir que ya no está, mientras que la memoria colectiva conmemora el pasado como aún presente —para bien o para mal— y como razón fundamental de las empresas actuales; segundo, porque la historia no es un menú del que se pueden incluir los platos sabrosos y excluir los indigestos, mientras que la memoria colectiva selecciona, sacraliza y mitifica de acuerdo con el narcisismo del grupo y sus ambiciones del momento. La historia pretende establecer la verdad de lo que fue, y la memoria histórica, influir en la verdad de lo que es; la primera se modifica al descubrir nuevos hechos, la segunda cambia con los intereses estratégicos.

El autor se enfrenta a venerables tópicos, como el dictamen de Santayana «los pueblos que olvidan su pasado están condenados a repetirlo» (dada la perpetua transformación de las sociedades, ninguna tragedia o desmán rememorados vacunan contra otros futuros y a veces sirven para legitimarlos) o el de que no hay verdadera paz sin haber hecho justicia (abundan los ejemplos contrarios y no siempre pueden ser igualmente bienaventurados los justicieros y los pacificadores). La memoria de los crímenes puede estar justificada en tanto viven quienes los cometieron, pero más allá de la desaparición de éstos se convierte en una carga culpabilizadora que busca nuevos chivos expiatorios y fomenta discordias o atropellos. Recuerda Rieff que el complejo colectivo de víctimas suele crear otros verdugos: los nazis consideraban a los judíos culpables de la derrota alemana en la Gran Guerra, los estalinistas proclamaban que los kulaks boicoteaban la revolución y hoy algunos sionistas creen que los horrores del Holocausto justifican cualquier política opresora de los palestinos. Cuando un grupo humano tiene tendencia a automitificarse, incluso las mejores razones de la memoria colectiva son un combustible peligroso.

También se ocupa brevemente del juez Garzón, tanto por el caso Pinochet como por su conflictivo intento de abrir la causa de los crímenes del franquismo. Su comentario es matizado y respetuoso. Quienes aquí nos aseguran que en el extranjero el asunto no se entiende o resulta escandaloso, harán bien en leer a Rieff: para enriquecer su perspectiva.

La nación balón

Cierto día alguien osado preguntó a Leo Messi por sus preferencias literarias y el pequeño gran hombre repuso: «Una vez quise leer un libro y a la mitad no pude más». Le comprendo perfectamente, a mí me pasó lo mismo cuando intenté ver en televisión un partido de fútbol. Ni su confesión deroga la lectura ni desde luego la mía el fútbol. Cuanto nos subleva contra la muerte y sus rutinas merece aprecio. Cuando su prosaico amigo comerciante preguntó a Stendhal para qué servía la cúpula de San Pedro del Vaticano que tanto acababa de encomiarle, el escritor repuso: «sirve para conmover el corazón humano». Ese objetivo siempre debe ser tenido por noble aunque, como los humanos somos afortunadamente distintos, nuestros corazones tengan diferentes preferencias emocionales...

Pero sin duda lo que establece cierta superioridad de la lectura sobre otras aficiones es que nos permite disfrutar virtualmente con lo que en la práctica nos aburre. Por ejemplo, yo lo paso muy bien leyendo lo que cuentan de la emoción futbolística buenos escritores, como Javier Marías (Alfaguara acaba de reeditar ampliada su colección de artículos *Salvajes y sentimentales*), Juan Villoro o el genial y divertidísimo rosarino Roberto Fontanarrosa. Los lectores más jóvenes (aunque ¿qué buen lector no permanece siempre joven?) seguirán con gusto la senda iniciática de un portero de la selección ganadora del mundial –aunque no sea Iker Casillas– en *El portero de la selva* de Mal Peet (Ed. Salamandra), relato en el que se combinan épica y fantasía. Claro que tampoco viene mal curarse de idealizaciones excesivas de este deporte multimillonario y enterarse de sus bajos fondos, revelados en *Juego sucio. Fútbol y crimen organizado* de Declan Hill (Ed. Alba), un documento que ha llevado a muchos profesionales ante los tribunales y que decidió a Michel Platini a crear un departamento anticorrupción en la UEFA. Por mi parte, nunca olvido que en *King Lear* (acto 1, escena 4) se pone en su sitio a un atrevido bribón llamándole «vil futbolista», aunque no hay traductor que se atreva a perpetuar literalmente el dicterio. No deja de ser divertido que lo que en tiempos de Shakespeare podía ser un insulto hoy se vea convertido en el destino profesional más universalmente envidiado.

Y luego está toda la fanfarria esa de los colores nacionales, la bandera y el patrioterismo de balón. Antes de ir más allá recomiendo la lectura de «El hígado de Shakespeare» (¡otra vez él!), un cuento de Francisco López Serrano incluido en su libro de igual título editado por DVD. Trata de un joven español, español, que elige un *pub* londinense lleno de *hooligans* para ver un partido entre las selecciones de España e Inglaterra: una fábula a lo Chesterton que hace primero reír y luego pensar. Pues bien, cuentos aparte, el triunfo en el mundial ha propiciado en muchos una especie de envidia por la coherencia y capacidad de colaboración mostradas por el equipo nacional, mientras que otros ven en el entusiasmo popular ante nuestros colores la realidad auténtica de un país que se quiere y se siente de una pieza en contra de las permanentes políticas disgregadoras de los separatistas.

Tomarse libertades

Puede que no haya palabra más voceada que «libertad» a todo propósito, venga o no a cuento, y que permanezca sin embargo peor entendida. En el terreno filosófico, la libertad se llama libre albedrío y ha conocido varios intentos exterminadores, que antaño venían de la teología y hoy de la divulgación científica, es decir, en ambos casos de saberes algo borrosos, coloristas y propensos a la truculencia intimidatoria. Tomemos por ejemplo *Incógnito* (Ed. Anagrama) del neurocientífico David Eagleman, obra muy entretenida que se propone revelar «las vidas secretas del cerebro» (no tan secretas, claro, gracias a él, como *Los misterios de las catedrales* dejaron de serlo después de que Fulcanelli escribiese dos volúmenes sobre ellos). Según parece, entre esos secretos revelados no tiene lugar el libre albedrío: más allá de la ilusión psicológica de actuar por nosotros mismos, todo es determinismo genético y cultural. Convendría leer también por si acaso *El mito del cerebro creador* (Ed. Alianza), del catedrático de la Universidad de Oviedo Marino Pérez Álvarez.

Que la neurociencia liquide el libre albedrío es cosa tan improbable como que la espectrografía de sonidos acabe con la inspiración musical, pero sin embargo ha causado cierta satisfecha perplejidad en mi amigo Arcadi Espada, que se dice mareado por la perspectiva de la vida humana sin libertad de elección, aunque parece irse acostumbrando bien (en *El Cultural* de *El Mundo*, 1/3/2013). Su triunfal desconcierto me recuerda al de aquel solipsista (es decir, partidario de la idea de que sólo existe uno mismo como sujeto que percibe y crea la realidad) cuando escribió a Bertrand Russell que los argumentos a favor del solipsismo le parecían tan concluyentes que le extrañaba que no hubiera más gente partidaria de él.

Quizá lo del libre albedrío pueda aclararse al menos en parte dilucidando a qué se refiere ese término, tarea propia de la hoy semiolvidada filosofía, pero en lo tocante a libertades cívicas el asunto se hace más complejo. Por ejemplo, esa sentencia del Tribunal Supremo anulando la prohibición dictada por el Ayuntamiento de Lleida del *burka* y otros velos islámicos en los espacios públicos. La prohibición municipal respondía al deseo de garantizar la igualdad entre mujeres y hombres, mientras que la sentencia del TS pretende proteger la libertad religiosa. Confieso que siempre que leo los apellidos que se le suelen poner a la libertad (religiosa, de comercio, de expresión, de cátedra, etc.) me acuerdo de aquella democracia *orgánica* de los tiempos franquistas. Prefiero la libertad (y la democracia, claro) sin remoquetes que con frecuencia se vuelven contra ella. La libertad es la facultad social del ciudadano para hacer lo que le parezca más conveniente por las razones subjetivas que sean: interés, placer, devoción, vanidad, etc. Naturalmente, la sociedad tiene el derecho y el deber de poner límites a esa libertad cuando su ejercicio comporta daños o peligros objetivos para otros: inseguridad, lesiones, difamación, destrucción de bienes, expolio laboral, etc. Los motivos subjetivos de cada cual deben dar lo mismo a la autoridad, a la que sólo compete evitar los efectos objetivamente perjudiciales de las acciones sobre los demás.

De modo que si alguien se identifica cuando legítimamente es requerido a ello, no veo por qué no puede llevar *burka* o escafandra, sean sus motivos religiosos o submarinistas. Lo que es lesivo para la dignidad humana es que se nos prohíba hacer algo que no va contra ninguna legalidad racional pero resulta desacostumbrado. Tan tiránico me parece forzar a las mujeres a ir veladas en nombre de Mahoma como a que se quiten los velos que quieran vestir en nombre de Simone de Beauvoir. Y si hablamos de igualdad, ¿hay alguna prohibición de indumentaria para los varones? ¿Se les prohíbe acaso llevar minifalda o tacones de aguja… o *burka*? ¿Un hombre con pasamontañas en verano es sólo estrafalario pero una mujer con velo está siempre oprimida, aunque ella diga lo contrario? Sin hablar de veladuras, es revelador al respecto el admirable ensayo *Sobre la libertad* de John Stuart Mill, el único libro de filosofía que yo impondría como lectura obligatoria para todos… contraviniendo así los deseos del propio autor.

Ética de la creación intelectual

En homenaje a Mercedes Torrevejano, corazón recto.

A partir de las nuevas perspectivas abiertas por internet, sean aproximaciones insólitas a los paisajes, reconstrucciones históricas o simplemente los sofisticados videojuegos, se dice que vivimos en una era de realidad *virtual*. Pero si lo consideramos bien, parece lícito concluir que esta situación no es una novedad tan grande, porque producir y habitar en lo virtual ha sido desde siempre lo característicamente humano: se llama creación intelectual y combina la imaginación con el pensamiento reflexivo.

En un comienzo, zoológicamente hablando, nos encontramos en el ámbito de lo concreto –plural y cambiante– que nos ofrecen nuestros sentidos. Es la acumulación de las cosas, cuya incansable presencia sensorial nos excita y nos abruma. Pero para pasar de la zoología a la biografía tenemos que ir más allá de las cosas y aquí es donde interviene la imaginación. Como bien señaló Gaston Bachelard (en su libro bellamente titulado *El aire y los sueños*), «por medio de la imaginación abandonamos el curso ordinario de las cosas. Percibir e imaginar son tan antitéticos como presencia y ausencia». Es decir, que imaginar es ausentarse, salirse del barullo de las cosas percibidas pero llevándonos una parte de ellas: su representación. Nos lanzamos con este botín a una vida nueva que trasciende lo meramente zoológico e inaugura lo propiamente humano, lo biográfico.

Aquí se nos plantea la primera pregunta ética, que trata de si al abandonar las cosas percibidas abandonamos también el reino de la verdad. Apunto, de paso, que en el fondo de toda cuestión ética late la vinculación entre la verdad y el bien (lo bueno como verdadero y lo verdadero como bueno). Sin duda lo concretamente percibido es también el grado elemental de lo verdadero, pero al ausentarnos imaginariamente no renunciamos a esa verdad primaria sino que tomamos una distancia que nos permitirá después regresar con toda la fuerza de nuestra comprensión para apropiárnoslo. La verdad de lo concreto es frágil, confusa y pasajera: por medio de la imaginación comenzamos el camino de la creación intelectual que ha de llevarnos hasta una verdad menos vulnerable.

Sobre la representación ausente de la realidad que nos brinda la imaginación opera el entendimiento reflexivo. Esa operación intelectual es lo que llamamos *abstracción*: separa los elementos individuales, fugaces y perecederos, de los caracteres generales que resisten al cambio y permanecen. Es decir, busca lo que en la realidad puede ser pensado, que según ya indicó Aristóteles no puede ser nunca lo puramente particular sino lo que reviste caracteres de paradigma y universalidad duradera. Sólo se puede pensar lo que vuelve, lo que insiste en ser una y otra vez, mientras que lo irrepetible puede ser únicamente percibido, pero no pensado. Para pensar es necesaria la abstracción que separa lo que se nos presenta siempre unido: o sea, disgrega lo único pero fugaz de lo general aunque permanente. El entendimiento analiza, es decir, disecciona la realidad concreta para permitirnos luego captarla: la transforma en pensable, en nuestra propiedad virtual.

Esta tarea de la creación intelectual es sin duda una exclusiva humana, la más propia de nuestra condición simbólica. Pero reproduce la actividad misma de la realidad concreta que percibimos. Porque también la naturaleza de lo real descarta constantemente lo individual y lo hace perecer, para reproducir una y otra vez las formas permanentes del ser. La diferencia es que a la operación del entendimiento llamada abstracción corresponde en la naturaleza lo que llamamos *muerte*. Por eso Hegel insistió en que el pensamiento es lo que exige mayor valor, ya que nos hace asumir y encarnar —a nosotros, los que nos sabemos mortales— la constante tarea destructora de la muerte. La ética implacable del pensamiento es la del coraje que no teme morir ni se estremece morbosamente ante la muerte: la ética de Spinoza, la de quien en el amor intelectual de lo eterno se sabe y se experimenta parte de la eternidad.

Y aquí radica también la diferencia entre filosofía y poesía, las dos formas mayores de la creación intelectual. El poeta no busca pensar sino cantar la realidad: no la acepta separada de lo fugaz por obra de la muerte, sino perecedera pero aún palpitante, íntegra y llena de promesas que, ay, no podrán cumplirse. María Zambrano lo ha expresado insuperablemente: «(El poeta) quiere la realidad, pero la realidad poética no es sólo la que hay, la que es, sino la que no es; abarca el ser y el no ser en admirable justicia caritativa, pues todo, todo tiene derecho a ser hasta lo que no ha podido ser jamás». El pensador asume valientemente la separación virtual de lo que se da unido, la poesía defiende con no menor arrojo la presencia en el instante de lo que la muerte y la abstracción han de separar. Es la cara y la cruz de la ética de la creación intelectual, coraje despiadado en la filosofía y piadosa caridad en la poesía.

Despedida

Je n'aime pas l'homme;
j'aime ce qui le dévore.

André Gide